엄마가 편해지는 버릇육아

육아가 쉬운 미국 엄마의 비밀

엄마가 편해지는 버릇육아

육아가 쉬운 미국 엄마의 비밀

초 판 1쇄 2024년 02월 22일

지은이 이가영
펴낸이 류종렬

펴낸곳 미다스북스
본부장 임종익
편집장 이다경
책임진행 김가영, 윤가희, 이예나, 안채원, 김요섭, 임인영

등록 2001년 3월 21일 제2001-000040호
주소 서울시 마포구 양화로 133 서교타워 711호
전화 02) 322-7802~3
팩스 02) 6007-1845
블로그 http://blog.naver.com/midasbooks
전자주소 midasbooks@hanmail.net
페이스북 https://www.facebook.com/midasbooks425
인스타그램 https://www.instagram/midasbooks

© 이가영, 미다스북스 2024, *Printed in Korea*.

ISBN 979-11-6910-512-5 03370

값 18,000원

미다스북스는 다음세대에게 필요한 지혜와 교양을 생각합니다.

엄마가 편해지는
버릇육아

이가영 지음

미다스북스

4장 놀이 버릇: 스스로 놀 줄 알아야 잘 큰다

5장 독서 버릇: 아이의 인성과 지성을 키우는 독서

6장 엄마를 리브 웰(Live Well)하게 만드는 방법

프롤로그

여러 명의 자녀를 출산했던 과거보다, 한두 명의 아이를 출산하는 요즘 엄마들의 육아가 더 힘들어 보이는 건 왜일까요? 업그레이드된 육아용품과 육아 정보가 넘쳐나는데도 말입니다.

바로 영유아기 때부터 기본적으로 배워야 할 규칙 및 생활 습관(버릇)에 대한 훈육이 제대로 이루어지지 않아서입니다. 가장 기본적인 버릇을 잘 만들어 놓으면 다른 습관들은 덤으로 쉽게 따라오게 되어 있습니다.

큰아이가 9개월이 되던 해, 남편과 함께 미국으로 가게 되었습니다. 얼마 뒤 남편의 로스쿨 학기가 시작되면서 저의 독박 육아는 시작되었죠. 이국땅에서 아이와 함께 홀로 남겨진 저는 내가 먼저 살아야겠다는 생각 하나로 어떻게 육아를 해야 할지 고민하기 시작했습니다.

주변 미국 엄마들의 육아법을 보고 배우면서 우리 아이에게 맞는 육아법을 연구했습니다. 일단 내가 편해지려고요.

자녀가 3명 이상 되는 미국의 여러 가정에서 힘들이지 않고 편하게 아이를 키우는 모습을 보니 과연 비결이 무엇일지 궁금했습니다.

미국 엄마들이 아이의 올바른 습관을 위해 훈육하는 모습은 꽤나 인상적이었습니다. 같은 엄마인 제가 봐도 목소리와 눈빛에서 느껴지는 '권위'가 있었습니다. 속으로 '와! 진짜 멋지다.'라는 생각이 들었죠. 하지만 몇 년 뒤 한국에 와보니 실상은 미국과 완전히 달랐습니다. 부모의 권위는 찾아보기 힘들고 대부분이 아이 위주로 끌려가는 육아 현장을 보게 되었습니다. 너무 안타까웠죠. 그러다 보니 육아는 점점 더 힘들어지고, 주변의 도움을 받는다고 하더라도 해결되지 않는 것입니다. 반면 미국 엄마들은 영유아기 때 버릇을 잘 잡아놓은 덕분에 점점 더 편하고 쉽게 육아를 하고 있었습니다. 사춘기도 수월하게 잘 넘어가고 말이죠.

'바로 이거다!'라는 생각이 들었습니다. '영유아기 때 기본적인 버릇을 잘 잡아놓고, 바른 훈육을 해야 엄마들의 육아가 결국 편해지는구나.'라는 것을 깨달았죠.

육아가 힘든 분들에게 미국 엄마들의 쉽고 바람직한 육아 방법을 알려주고 싶어 이 책을 쓰게 되었습니다. 실제로 체험한 미국 엄마들의 보다 쉽고 행복한 육아 방식을 나누고 싶어서죠.

10년 가까이 유치원에서 영유아들에게 영어를 가르치면서 '학습'뿐만 아니라 바른 '습관'에도 큰 비중을 두고 수업을 하고 있습니다. 왜냐하면, 3~7세의 훈육, 즉 '버릇육아'의 중요성을 누구보다도 잘 알고 있기 때문입니다. 처음에는 버릇 잡기가 어렵지만, 시간이 지날수록 다른 부분까지도 수월해지는 것을 경험할 수 있었습니다.

육아도 마찬가지입니다.

수면 버릇을 잘 잡아놓으면 식사 버릇, 놀이 버릇, 독서 버릇 등 영향을 미칩니다. 처음에는 어려울 수 있지만 그 시기를 성공적으로 잘 넘어가면 우리의 육아는 훨씬 더 수월해집니다. 그리고 중요한 것은, 엄마보다 내 아이를 잘 알고 훈육할 수 있는 사람은 절대 없습니다. 힘들어도 엄마가 직접 해야 합니다.

잠깐의 고생 끝에 분명 몇 년의 육아가 편해질 것입니다.

아이도 엄마도 함께 진정 행복한 육아를 했으면 하는 마음입니다. 물론 육아가 쉽지 않죠. 저 또한 자녀들을 키우면서 순간순간 위기가 찾아오고 몸도 지치고, 정신적으로 힘들 때도 많습니다. 하지만 영유아기 때 잘 들여놓은 습관 덕분에 지금까지 그 덕을 보고 있다고 생각합니다. 유행하는 육아 트렌드에 따라갈 필요도 없습니다. 육아도 결국 영유아기 때의 기초작업이 중요하니까요. 그 기초가 바로 미국 엄마들이 강조하는 '버릇육아'입니다.

 일러두기

- 이 책에서 소개하는 말은 아이를 돌보는 모든 사람이 적용할 수 있는 내용이지만 편의상 '엄마' 혹은 '아빠'로 상정하여 표기했습니다.
- 책에 등장하는 아이들의 이름은 모두 가명입니다.

1장

:

미국 엄마들이
'버릇'부터 가르치는 이유

선진육아에 어른 이기는 아이 없다

왜 미국 엄마들의 육아는 쉬워 보일까? 그들이 우리와 다른 점은 무엇일까?

미국 거주 시절에 남편과 아이와 함께 공원에 놀러 간 적이 있다. 날씨가 좋은 주말이라 공원에는 나들이 나온 부모들과 아이들이 많았다. 갑자기 주변에서 아이 울음소리가 크게 들려서 바라봤다. 다섯 살정도로 보이는 여자아이가 친구의 생일파티 도중에 울면서 찡찡거리고 있었다. 화가 진정되지 않아 보였다. 결국, 아빠가 도중에 아이를 들쳐 엎고 엄마와 함께 그 자리를 떠나 차를 타고 집에 가면서 시끄러운 상황은 종료되었다. 그래도 친구 생일파티이고 아이도 잔뜩 기대하고 왔을 텐데 아이의 떼부림에 단호하게 대처하는 미국 부모들의 모습에 놀랐던 기억이 있다.

지난 여름방학에 작은아이와 미국에 한 달 가까이 시간을 보냈을 때의 이야기다. 아이와 점심을 해결하기 위해 햄버거 가게를 방문했다. 우리 옆 테이블에는 아이들을 동반한 두 식구가 식사를 하고 있었다. 그중에 다섯 살쯤 되어 보이는 남자아이가 무슨 이유에서인지 떼를 부리고 자기 마음대로 안 되자 울기 시작했다. 아이가 쉽게 진정되지 않자, 엄마는 아이를 데리고 화장실로 향했다. 몇 분 뒤에 아이는 울음을 그치고 감정이 가라앉은 채 엄마와 손잡고 나왔다. 그리고 다시 테이블에 앉아서 식사를 이어갔다. 엄마와 아이 두 사람의 표정 모두 편안해 보였다.

사례에서 보듯이, 미국 엄마들은 아이가 잘못된 행동을 할 경우, 타협하거나 아이한테 그냥 져주지 않는다. 주변 사람들에게 피해가 가지 않도록 즉시 아이를 밖으로 데리고 나가서 훈육한다. 친구 생일파티와 같이 아이에게 중요한 자리라 할지라도 타협은 없다. 어떤 상황에서도 일관된 원칙을 가진다.

많은 한국의 부모는 아이가 투정을 부리거나 떼를 쓰면 마지못해 아이가 원하는 것을 해준다. 밖에서 아이가 울거나 투정을 부리면 빨리 상황을 종결시키기 위한 임시방편으로 젤리, 사탕과 같은 간식을 쥐여 주거나 원하는 장난감을 사 주기도 한다. 친구의 생일파티에서 아이가 투정을 부리는 경우, 아이 비위를 맞추며 어르고 달래면 달랬지 아이를 들쳐 엎고 그 자리를 뜨는 부모는 아마 없을 것이다.

그 이유를 생각해 보면, 굳이 아이와 씨름하기도 힘겹고 '아직 어린 아이인데 그냥 원하는 대로 해주지 뭐.'라는 생각으로 그럴 것이다.

어떤 종류의 것을 아이가 요구하는지에 따라서도 엄마의 대응 태도는 달라져야 한다. 대수롭지 않거나 나쁜 것을 해달라는 것이 아니라면, 엄마가 조금 귀찮더라도 웬만하면 요구에 응해주는 것이 좋다. 아이가 뭔가를 요구했을 때 "안돼(No)."라는 대답을 많이 들은 아이는 자존감이 낮을 가능성이 높기 때문이다. 하지만 남에게 피해를 주거나 위험한 행동 같은 경우에는 엄마가 단호하게 대처할 필요가 있다. 안 되는 건 안 된다.

아이들은 눈치가 백 단이고 어쩌면 어른들보다 더 본능에 의존하기 때문에 더 지능적이다. '내가 원하는 건 다 해도 되고, 엄마는 나에게

지게 돼 있어.'라는 생각을 아이가 하게 되는 순간, 우리의 버릇육아는 게임 끝이다. 말 그대로 기 싸움에서 졌기 때문에 육아가 앞으로 상당히 피곤해질 게 뻔하다. 내가 낳은 금쪽같은 자식이니까 아닌 것 알면서도 눈감아주고 참아주는 것이지 어떻게 아이가 어른을 이기겠는가? 싸움 자체가 안 되는 게임인데도 많은 엄마가 육아 노동에 지쳐서 '에라 모르겠다. 그냥 이번만 해주자.'라는 생각으로 자꾸 미루고 미룬다.

버릇육아를 하려면 마음 단단히 먹고 큰 각오가 서야 한다. 의지에 불타서 열심히 며칠 하다가 중간에 포기하고 다시 원점으로 돌아가기를 몇 번이고 반복하는 경우를 봤다. 하지만 절대 중간에 포기해서는 안 된다. 세상에서 우리 아이를 가장 잘 아는 '엄마'가 시도하는데 왜 안 되겠는가? 안 되는 게 아니라 아이에 대한 믿음을 져버리고 먼저 포기하는 것이다. 고비를 잘 넘기면 우리는 비로소 편안하고 행복한 버릇육아를 할 수 있게 될 것이다. 육아에 있어서 주인은 이모님도 할머니, 할아버지도 아니다. 바로, '부모'이다.

그럼 그 습관들을 언제부터 잡아야 할까? 빠르면 빠를수록 좋다. 초반 기싸움에서 엄마가 이겨야 한다. 그렇다고 무조건 아이의 요구를 무시하라는 말은 아니다. 아이가 울거나 어떤 요구를 표현하면 그 소리에 귀 기울여 주고 교감하며 반응해 줘야 한다.

좋은 버릇을 들이기 위해 엄마와 아이가 코웤(co-work;협업)하는 과정이 필요하다. 엄마가 앞장서서 좋은 방향으로 이끌어주는 것이다. 내 자식이 잘되기를 바란다면, 오냐오냐 다 받아줄 것이 아니라, 되는 것과 안 되는 것을 구분시켜주고 좋은 행동과 나쁜 행동을 인식시켜줘야 한다. 우리말 속담에 '귀한 자식에게 매 한 대 더 안기라'는 말이 있듯이, 미국 속담에도 'Spare the rod and spoil the child'(매를 아끼면 아이를 망친다.)라는 속담이 있다. 동서고금을 막론하고 아이에 대한 적극적인 훈육의 중요성을 강조하고 있다.

아이와의 기싸움에서 아이에게 밀리지 않으면서 가능한 일찍 훈육을 시작해야 한다. 우리가 사람을 만날 때 '첫인상'이라는 것이 있다. 그 첫인상에서 상대방의 기에 눌리는 때도 있고 반대인 경우도 있다. 처음에는 분명 쉽지 않고 시행착오도 있을 것이다. 하지만 그 시기를 놓치고 아이에게 끌려다닌다면 우리의 육아는 점점 더 힘들어진다. 부모의 권위는 분명 필요한데 아이의 고집에 마지못해 져 준다면 우리는 버릇육아에 실패하는 것이다. 우리가 마주할 여러 상황 가운데 부모의 권위가 제대로 서 있어야 아이를 훈육하고 좋은 버릇을 잡는 것이 수월해진다. 즉, 조금 더 편하게 육아를 할 수 있게 된다. 반대로 아이에게 맞춰주는 육아를 한다면 아이의 고집을 받아주면서 매번 전쟁을 치러야 할 것이다. 엄마와 아이 모두가 피곤해지는 상황이 온다.

아이 또한 부모에게 훈육 받은 원칙을 가지고 행동할 때 가정 내에서뿐만 아니라 사회에 나가서도 잘 적응할 수 있다.

유치원 영어교사로 일하고 있는데, 우리 아이들을 키운 경험이 수업에도 큰 도움이 된다. 영유아에게 영어를 가르친다는 것은 학습과 훈육이 동반되어야만 하기에, 영어만 잘 가르쳐서 되는 것이 아니다. young learner(아이들)에 맞춘 treating skill(기술) 또한 중요하다. 그나마 7세는 말도 잘 알아듣고 어느 정도 규칙을 지킬 줄 알지만, 4~6세 아이들은 아직 다듬어지지 않은 부분들이 많기 때문에 신경을 더 써줘야 한다. 특히 4세, 5세의 1학기는 정말 멘붕이다. 유치원 또는 어린이집에 처음 입학해서 적응하느라 힘든데 못 알아듣는 영어까지 하려니 아주 고역일 것이다.

흥미로운 것은 유치원 영어수업이 우리 집에서의 육아와 비슷한 점이 참 많다는 것이다. 1학기 때 아이들의 습관을 잘 잡아놓으면 그 이후로는 수월하게 갈 수 있다. 아이들도 초반에 선생님의 눈치를 보고 마음속으로 생각한다. 만만하고 쉬워 보이는 선생님이라고 판단되면 수업 시간에 집중도 안 하고 제대로 앉아 있지 않고 친구와 떠들고 장난치고... 정말 가관이다. 기싸움에서 아이들이 선생님보다 우위에 있는 경우다. 반대로 선생님이 초반에 기선제압을 하여 우위에 있는 경우는 차분한 분위기 속에 수업도 재미있게 하면서 아이들도 잘 따라온다. 가장 기본적인 규칙(옆 친구 만지지 않기, 의자에 바른 자세로 앉기, 떠들지 않기 등)에 대해서 끊임없이 이야기해 주고, 그게 지켜지지 않았을 때는 적절한 훈육도 들어가야 한다.

영어를 배우는 것도 중요하지만, 아이들이 좋은 습관으로 수업에 참여하는 것 또한 중요하기 때문이다.

영어수업에 참여하는 아이들

아이가 세상에 나와 첫 관계를 맺는 엄마, 아빠와도 그사이에 설명하기 힘든 어떤 기류가 흐른다. 내 자식이라 너무 예쁘고 사랑스럽지만, 관계의 주도권이 아이에게 가도록 해서는 안 된다. 미국 엄마들의 육아하는 모습을 보면서 '왜 저 엄마들은 편하고 쉽게 육아를 하는 것 같지? 왜 항상 여유가 넘쳐 보이지?'라는 생각을 했다. 처음에는 체력이 좋아서라고 생각했지만, 정답은 그것이 아니었다. 미국 엄마들은 아이가 태어나는 순간부터 기싸움에서 승자였다. 엄마의 방향대로 아이의 버릇을 바르게 잡아 나갈 수 있었기 때문에 시간이 지날수록 그들의 버릇육아는 빛을 발한다.

엄마가 위너(winner; 승자)가 되면 우리는 비로소 편안한 버릇육아를 할 수 있다.

설명의 끝판왕, 미국 엄마

〈어서 와 한국은 처음이지?〉라는 프로그램을 즐겨 보는 편이다. 미국에서 온 데이비드 가족의 일상 이야기인데, 5세 아들 올리버와 4세 딸 이사벨이 한국 생활을 하면서 가족 간의 다양한 에피소드를 보여주고 있다. 남매들을 훈육하는 엄마 스테파니의 모습을 보며 실제 미국에서 부모들이 아이를 훈육하는 모습과 닮은 점이 많아서 보는 내내 흥미로웠다.

하루는 역사체험을 위해 수원 화성으로 네 식구가 떠났는데, 나이 제한으로 인해 국궁 체험을 하지 못하게 된 막내 이사벨은 대성통곡을 하며 떼를 쓰기 시작했다. 즐거운 체험을 한다는 생각에 잔뜩 기대하고 왔는데 생각지 못한 상황이 벌어진 것이다. 이 상황에 엄마와 아빠는 어떻게 대응했을까? 일단 이사벨의 속상한 마음을 다독거리면서 아이의 관점에서 충분히 공감해 주는 시간을 가졌다. 체험을 할 수 없는 이유에 대해서 차분히 설명해 준 후에 그것이 규칙이기 때문에 우리는 지키기 싫어도 지켜야 한다고 알려주었다. 긴 설명과 설득 끝에 겨우 이사벨은 진정되었다.

이처럼 미국 엄마들은 아이들에게 어떤 상황에 관해서 설명을 잘해 주는 모습을 보인다.

훈육을 해야 하는 상황에서도 무조건 "안 돼! 엄마가 안 된다고 했으면 안 되는 것이지, 왜 그렇게 말이 많아?"라고 다그치지 않는다. 대신, 안되는 이유에 대해서 차근차근 설명을 먼저 해준다.

단호함과 동시에 아이의 마음을 읽고 공감해 주는 태도가 함께한다. 아이 입장에서 먼저 공감해 주면 아이의 감정도 어느 정도 진정이 되기 때문이다. 어른도 자기에게 공감해 주면 부정적인 감정이 일단 수그러들었던 경험이 다들 있을 것이다.

그럼 왜 미국 엄마들은 아이에게 설명을 잘해주는 것일까? 아마도 경험치에서 나오는 것이 아닐까 싶다. 그들 또한 어린 시절부터 자신의 부모로부터 설명을 잘 듣고 자랐기 때문이다. 부모로부터 설명을 들었을 때 그것이 결국 수용되고 또 옳다는 것을 충분히 경험했기 때문에 본인의 아이들에게도 똑같은 방법으로 훈육하는 것이다. 안타깝게도 우리는 다소 가부장적인 분위기에서 자랐기 때문에 일단 부모님이 말씀하시면 거기에 토 달지 않고 무조건 따라야 한다고 배워 왔다. 그래서 우리 부모들 또한 찬찬히 뭔가를 설명해 주기보다는 강압적인 지시형으로 명령하는 것에 익숙해져 있다.

미국 부모들은 단순히 훈육에 있어서만 설명을 잘해주는 것이 아닌 아이들의 지적 호기심에서도 타고난 '설명 달란트'를 가지고 있다. 즉, 설명의 끝판왕이자 인내심의 끝판왕이기도 하다.

〈어서 와 한국은 처음이지?〉의 또 다른 에피소드가 기억이 난다. 데이비드 가족의 양양 여행 편인데, 네 식구는 채집통을 들고 마을 산책을 하러 나간다. 여러 작물과 곤충을 구경하면서 데이비드 부부는 쌀이 되는 벼를 아이들이 이해하기 쉽게 설명해 주었다. 논에 개구리가 등장하자 아이들을 위해 개구리 잡기 대회를 제안했다. 아이가 개구리 잡기를 하자고 먼저 얘기하면 내심 귀찮아서 여러 가지 이유를 대면서 못하게 할 수도 있는데 오히려 먼저 아이에게 체험의 기회를 부여해 주는 데이비드의 모습이 꽤 인상적이었다.

미국 거주 시절, 아이와 함께 박물관 또는 동물원을 종종 갔었다. 미국 부모들은 우리 부부와는 차원이 달랐다. 아이에게 찬찬히 설명해 주는 모습을 보면서 '이것이 바로 선진 육아구나.'라는 생각을 했다.

사실 어린아이를 데리고 외출하는 것 자체가 부모로서는 헌신의 각오로 단단히 무장해야 가능하다. 생각지도 못한 변수가 언제든 발생할 수 있고, 그것을 수습하는 것 또한 부모의 몫이기 때문이다. 그래서 아이를 데리고 외출하는 건, 혹 달고 나가는 것이라고 장난삼아 말하기도 한다. 아이가 두 명이면 혹 두 개 달고 외출하는 것이니 당연히 난이도는 더 올라간다.

그 와중에 아이들이 궁금한 것이 생길 때마다 엄마와 아빠에게 끊임없이 질문을 던지면 어느 순간 갑자기 머리가 멍해지는 경험을 할 것이다. 체력은 점점 고갈되는데 아이들의 넘치는 에너지는 식을 줄 모르고 자꾸 들려오는 질문에 우리 부부는 대충 얼버무리거나 성의 없이 대답해 준 적이 많았다. 근데 우리 부부와는 달리 미국의 많은 부모는 아이들의 질문에 성의 있게, 아이들의 눈높이에 맞춰서 조곤조곤 잘 설명해 주었다. 아이의 말에 잘 경청하고 그것에 질문이 또 생기면 그에 맞춰 또 설명해 준다. 옆에서 보고 있으면 정말 대단하다는 생각이 든다. 속으로 '리스펙트' 엄지척을 날려주었다. 우리 부부는 그들의 모습을 보며 저들과 같이 아이들의 질문에 더 성의 있게 공감대를 형성하면서 리액션(반응)을 해 주자고 다짐하곤 했다.

어쩌면 미국 부모들의 기본적인 버릇육아가 잘 자리 잡혀 있기 때문에 어린 자녀를 동반한 가족 나들이의 시간이 더욱 수월하고 가족 모두에게 편안한 시간이 되는 것이 아닐까? 그렇기 때문에 차분한 분위기에서 아이들의 질문에도 성의 있게 잘 설명해 주는 환경이 만들어지는 것이다. 아이가 떼를 쓰고 말썽을 부리는 상황에서 그 어떤 부모가 이성적으로 차분하게 아이를 대할 수 있겠는가? 설명은커녕 아이 행동을 제지하는 데 모든 에너지가 축나게 생겼는데 말이다.

육아는 참으로 어렵다. 육아의 한 영역만 단편적으로 신경 쓴다고 되는 것이 아니라 모든 요소요소가 하나의 망으로 연결되어 상호작용을 한다. 어린 시절부터 훈육이 잘 된 아이는 좋은 버릇을 가지고 있을 것이고, 밖에서 식사하거나 가족 나들이를 갈 때도 부모의 수고스러움을 덜어준다. 우리 모두 버릇육아에 성공한다면 부모의 체력소모전으로 종결되는 바깥나들이가 아닌 엄마와 아빠, 그리고 아이 모두 행복하고 즐거운 시간이 될 것이다.

아이들을 훈육할 때도 무조건적인 강요와 지시가 아닌, 특정 상황에 어떻게 행동하는 것이 맞고 그른지에 대해 차분하게 설명해 줘야 한다. 아이들로 하여금 스스로 생각해 볼 수 있게끔 해주는 노력이 필요하다. 어린아이라 할지라도 말귀를 알아듣는 초자연적인 능력을 가지고 있다. 유치원에 입학하는 5세부터는 당연히 잘 알아듣는다. 나 또한 유치원에서 영어교사로 있으면서 다양한 아이를 접하게 된다. 하지 말아야 할 행동에 대해서 아이와 눈을 마주치며 차근차근 설명해 주면 시간이 조금 걸리더라도 결국은 수긍하게 된다. 훈육뿐 아니라 아이들의 지적 호기심을 채워주는 데에도 부모의 수고스러움이 동반되겠지만 부부가 함께 노력해 보면 어떨까? 부모와 아이가 친밀하게 대화하고 생각을 나누는 가운데 끈끈한 유대감이 형성된다. 또한, 훗날 아이들의 좋은 습관 형성과 학업능력에도 긍정적인 영향을 미친다. 우리도 설명의 끝판왕이 되는 그날까지 조금씩 노력해 보면 어떨까?

미국 조부모 vs 한국 조부모

평소 즐겨보는 〈금쪽같은 내 새끼〉에서 한 프랑스 가정의 이야기가 다루어졌다. 조부모와 함께 식사하는 장면이었다. 모든 식구가 식사를 다 끝나지 않은 상태에서 4세 손녀가 갑자기 자리를 뜨자 자리에 앉으라며 단호하게 훈육을 하였다. 밥상 교육을 하는 할머니의 모습이다. 우리나라 할머니였으면 그냥 넘어갔을 수도 있을 상황이다. 대부분이 손주들에게 관대하게 감싸주는 것이 보편적인 우리나라 할머니, 할아버지들의 모습이기 때문이다. 주변에서 손녀, 손자들을 대하는 모습을 보면 단호하게 훈육하는 모습보다는 그저 예뻐서 크고 작은 잘못을 하더라도 그냥 넘어가는 경우가 대부분이다.

미국 거주 당시, 아이와 함께 세차장을 방문한 적이 있다. 세차하는 동안 30분 이상 기다려야 하니 아이 입장에서는 짧지 않은 지루한 시간이다. 지루해할 아이를 위해 미리 간식과 작은 자동차 장난감을 챙겨 갔다. 아이는 자신이 평소 즐겨 먹던 간식을 먹으며 의자에 앉아 기다리고 있었다. 옆자리에는 백인 할아버지가 손주와 함께 세차장을 찾았는데 5세 정도 돼 보이는 남자아이였다. 아이가 주변을 시끄럽게 돌아다니자 할아버지는 아이를 멈추게 한 다음, 의자에 앉혔다. 자신의 몸을 낮추어 아이와 눈을 똑바로 마주치면서 낮은 목소리로 훈육했다. 다른 사람들에게 피해를 주면 안 되는 장소에서 너의 행동은 지금 옳지 않다는 대화 내용이었다. 할아버지의 단호한 모습이 상당히 인상 깊었다. 아이는 할아버지의 권위에 순종하며 지시에 따르는 모습이었다.

또한 방학 기간에 할아버지, 할머니와 박물관을 관람하는 모습 또한 자주 보았다.

아이들은 관람 예절을 지키며 할머니, 할아버지의 설명을 잘 듣고 있었다. 그들의 모습에서 편안하지만 권위 있고 엄숙한 분위기가 느껴졌다. 조부모들 또한 아이의 눈높이에 맞춰서 차분하고 자세하게 설명해 주었다. 설명의 끝판왕인 조부모 밑에서 그런 부모가 나온 것이 아닌가라는 생각이 들었다. 자신의 부모로부터 배운 대로 대대로 내려져 오는 풍습처럼 말이다.

할아버지, 할머니와 박물관을 관람하는 미국 아이들

　예로부터 우리나라의 전통 명문가에서도 격대 교육으로, 조부모가 손주와 함께 지내며 예의범절과 삶의 자세를 가르쳤다. 우리의 전통에서 조부모는 육아뿐만 아니라 교육자로서의 역할이 컸다. 손주들의 식사 및 옷 입기, 식사 예절에서 말버릇까지 생활 전반을 담당했다.

　미국 역사의 최초 흑인 대통령인 버락 오바마는 "할아버지, 할머니는 나의 영웅이다."라며 조부모에 대한 애정을 아끼지 않았다. 오바마에게 외할아버지, 외할머니는 부모와 다름없는 존재였다. 그가 흑인이라는 인종 장벽을 무너뜨리고 세계의 정상에 오를 수 있었던 것은 조부모의 지원이 없었다면 불가능했을 것이다. 흑백 혼혈이라는 정체

성 위기를 겪는 손주를 위해 외할아버지는 사람들과의 교류를 넓히며 다양성을 체험하도록 도왔다.

이처럼 미국에서는 격대 교육의 중요성을 인식해 1978년부터 매년 9월 첫 번째 일요일에 '조부모의 날'을 제정해 기념하고 있다. 우리나라의 경우 맞벌이 부부 가정이 증가하면서 가장 큰 고민은 일하는 동안 아이를 믿고 맡길 곳을 찾는 일이다. 상황이 허락한다면 가장 첫 번째 대안은 조부모의 도움을 받는 것이다. 나 또한 아이를 맡겨야 하는 긴박한 상황에서 가장 먼저 SOS를 청할 수 있는 대상이 할머니, 할아버지이기 때문이다.

조부모에게 맡겼을 때 심리적인 안정감도 있지만, 반면에는 버릇이 없어질까 봐 염려하는 부모들도 많은 것이 사실이다. 자녀가 있는 20~40대 여성 700명을 대상으로 조부모 양육에 대한 설문조사를 실시한 결과, 자녀의 건강 상태가 향상되었다는 긍정적인 의견이 있었다. 하지만 아이의 버릇이 없어졌다, 생활습관이 나빠졌다는 부정적인 견해도 적지 않았다.

조부모에게 맡겼을 때 아이의 버릇과 습관이 왜 나빠지는 걸까? 아마도 할머니와 할아버지가 손주에게 단호한 훈육 태도를 보여주지 않기 때문이다. 아이의 습관에 대해서 크게 생각하지 않기도 할뿐더러, 손주를 예뻐하는 마음이 커서 마냥 '오냐오냐.' 하는 것이 익숙하기 때문이다. 사랑을 줄 때는 주더라도 아이의 잘못에 대해서는 정확하게 알려주고 단호하게 일러줄 필요가 있다. 아이의 잘한 면에 대해서는 칭찬을 아끼지 않으면서 말이다.

옛날에 키우던 방식이 자연스럽게 전해져 영향을 미치는 것이 우리 나라 '육아 문화'이다. "한 아이를 키우려면 온 마을이 필요하다."라는 말이 있다. 그만큼 아이를 키우고 양육함에 있어서 여러 사람의 손과 정성이 필요하다는 뜻일 것이다.

핵가족화 시대에 한마을까지는 아니더라도 한 가정 안에서의 협동 은 분명 필요하다. 부모뿐만 아니라 할머니, 할아버지까지만이라도 말이다. 할머니와 할아버지의 버릇육아가 함께한다면, 맞벌이 부부의 여러 고민 또한 해결될 수 있다. 조부모에게 아이를 맡김으로써 걱정 되는 아이의 습관과 버릇 또한 해소될 수 있다.

주 양육자인 아빠와 엄마의 훈육 원칙이 일치해야 한다고 앞서 언급 한 것처럼, 조부모의 양육 방향 또한 같은 곳을 향해야 한다. 어른의 말을 가볍게 생각하지 않고 존경하는 마음을 가지고 따르는 것은 어쩌면 조부모의 양육 태도에서부터 시작될 수 있다. 아이들은 자신의 부모님을 낳아주고 길러준 조부모에 대한 공경심을 가져야 하는 것이 당연하다. 조부모 스스로도 권위와 설 자리가 분명 있어야 한다. 그러기 위해서는 예뻐하는 마음만 앞세울 것이 아니라 손주들에게 옳고 그른 것에 대해 단호하게 목소리를 내주었으면 하는 바람이다.

미국 엄마에게서 배운 배려와 예의

한동안 인터넷 맘 카페에서 수많은 사건으로 인해 '맘충'이라는 단어가 뜨겁게 퍼졌던 적이 있다. 맘충은 엄마를 뜻하는 맘(Mom)과 벌레를 뜻하는 충(蟲)을 합쳐서 만든 말이다. 아이가 잘못을 저질렀음에도 아이를 무조건 감싸는 태도를 보이며 피해자를 질타하거나, 아이를 내세워 배려를 강요하는 등의 일부 개념 없는 엄마들에 대한 혐오감을 담아 맘충이라고 부른다. 무개념, 진상 엄마를 뜻하는 말이다.

3년의 미국 생활을 마무리하고 한국에 귀국해서 처음 이 단어를 들었는데 너무 충격적이었다. 사람을 벌레에 비유하다니… 얼마나 상식 밖의 행동을 했으면 그런 극단적인 표현을 썼을까 싶으면서도 너무 심한 표현이 아닐까 싶었다. 그런데 귀국 후 얼마간 생활을 해보니 어느 정도 이해가 되기도 했다. 우리 부부는 귀국 후 한국에서의 생활에 적응해가던 중, 일종의 문화충격을 받았던 에피소드를 서로 얘기하면서 씁쓸해 했다. 음식점에서 아이들이 시끄럽게 떠들고 뛰는데도 제지하지 않는 부모들의 모습, 아파트 상가 안에서 킥보드를 타고 다니는 아이들(분명 '킥보드 타기 금지'라는 안내표시가 있음에도 불구하고 말이다.)의 모습들이다. 또한, 임산부와 아이 엄마, 그리고 아이에 대한 사회적 배려가 너무 부족해 보여서 안타까웠다. 일례로 아이가 길을 건너려고 하는데 정차하지 않고 먼저 지나가는 모습, 아이를 태우고 있는 유모차가 길을 지나갈 때 양보하지 않는 모습, 임산부가 지나가도 출입문을 잡아주지 않는 모습 등이다.

우리도 토종 한국인인데 3년간 미국 생활을 하면서 그들의 문화에 익숙해져 있었다. 미국에서 경험했던 선진 매너와 타인에 대한 배려로 인해 이방인으로서 외로움을 그나마 잘 극복할 수 있었고, 그곳에서의 좋은 기억들을 가지고 돌아올 수 있었다.

미국 거주 시절, 아파트 엘리베이터를 하루에도 몇 번씩 타곤 했다. 어린아이를 키우는 젊은 미국 엄마들이 많이 살던 아파트라 아이들과 자주 마주쳤다. 엘리베이터를 타면 서로 인사를 반갑게 나누고 아이들은 시끄럽게 떠들거나 몸으로 장난치지 않고 바른 매너로 도착할 때까지 기다린다.

반면 우리 동네 상가의 엘리베이터 안의 광경은 정말 놀랍다. 아이들이 엘리베이터 안에 손잡이를 짚고 올라가 발을 올려놓는가 하면 시끄럽게 떠들고 장난치는 모습이 다반사다. 여러 사람이 있는 밀폐된 공간에서 그 소리를 듣고 있자니 눈살이 저절로 찌푸려진다.

두 나라의 서로 다른 사례는 대조적인 엄마들의 버릇육아에서부터 시작된다. 미국 엄마들은 공공장소에서 타인에게 불편함을 주는 행동을 강력하게 제지하고, 그 규칙을 제대로 지키지 않으면 아주 단호하게 훈육한다. 반면 한국 엄마들은 어떠한가? 주변 사람에게 피해 주는 행동에 대해 크게 신경 쓰지 않는다. 나만 아는 이기적인 태도인 셈이다. 이를테면 내 자식이 공공장소에서의 매너를 지키는 것보다는 그냥 '내 자식인데 뭐 어떻나? 그럴 수도 있지.'라는 생각이 타인에게 폐를 끼치게 되는 것이다.

한국 사회도 출산율이 낮아지면서 외동 자녀들이 점점 늘어나고 있다. 엄마들은 내 아이가 마냥 소중하고 다른 누군가가 내 아이한테 싫은 소리를 하거나 하면 이유 불문하고 불쾌해 하며 화를 내기도 한다.

주변 지인들을 통해 실제 사례를 듣고 있자니 정말 이해가 안 되고 어이가 없었다. 동네 커피숍 문 앞에 가게 메뉴와 더불어 잘 꾸며 놓은 칠판에 아이가 낙서하고 망쳐 놓고 있는데 아이 엄마는 "어머, 참 잘했어요."라고 오히려 칭찬을 하더라는 것이다. 기본적인 예의가 있는 엄마라면 아이의 행동을 제지하고 가게 측에 죄송하다고 사과하는 것이 맞다. 만약 그 자리에서 가게 사장이나 직원이 아이한테 뭐라고 했으면 아마도 아이 엄마는 "아이가 좀 낙서할 수도 있지, 왜 아이한테 뭐라고 그래요?"라며 화낼 것이 눈에 선하다고 우리끼리 흥분하며 얘기를 나눴다.

아이가 다른 사람의 물건을 함부로 만지거나 훼손하지 못하게 하는 것은 부모의 당연한 역할이다. 물론 아이들은 아직 잘 모르니까 그럴 수도 있지만 그걸 지켜보는 부모는 잘못된 행동을 바로잡아 줘야 한다.

부모는 아이들에게 어린 시절부터 기본적인 규칙과 매너를 가르쳐야 한다. 길거리에 쓰레기 버리지 않기, 공공장소에서 큰 소리로 떠들지 않기, 다른 친구를 불편하게 하지 않기, 실내에서 뛰지 않기 등이다.

아이이기 때문에 장소 불문하고 뛰고 떠들고 하는 것이 어쩌면 당연할 수 있다. 하지만 그런 행동이 다른 사람에게 피해를 끼치기 때문에 하면 안 된다는 것을 알려줘야 한다. 자신이 원하는 대로 할 수 없다는 것을 배워가는 과정이 곧 사회화 과정이다. 어린이집 또는 유치원에 입학하면 아이들은 원에서 지켜야 할 기본 규칙(바른 자세로 앉아서 식사하기, 수업 시간에 일어나지 않기, 수업 시간에 떠들지 않기, 화장실 갈 때 한 줄 서기… 등)에 대해 선생님으로부터 배운다. 그 사회화 과정 또한 버릇육아의 한 부분이다. 첫 사회생활을 하는 어린이집, 유치원에 입학하기 전 가정에서 우리 부모들이 아이의 바른 습관을 가르쳐야 한다. 타인에 대한 배려와 기본 매너를 배우고 자란 아이들은 원 생활 또한 수월하게 잘해 나가는 아이가 될 것이다.

우리 부부도 미국에서 생활하면서 그들의 선진 매너를 보고 배웠다. 그리고 한국인으로서 흠 잡히지 않기 위해 타인을 더 배려하고 매너를 지키기 위해 더 신경을 썼다. 우리 아이가 사람이 많은 장소에서 떠들거나 장난치지 않게 훈육하였고, 식당에서도 기본 매너를 지키게 하기 위해 부단히 노력했다. 'Ugly Korean'이란 말을 듣지 않기 위해 주변의 눈치를 더욱 살피면서 말이다. 타인을 생각하고 배려하며 행동하는 성숙한 매너는 하루아침에 형성될 수 없다. 어린 시절부터 작은 부분부터 하나씩 부모님의 훈육 아래 배워가며 몸에 익히는 것이다. 미국 엄마들의 타인에 대한 배려와 예의를 보고자란 아이들은 부모들의 행동을 보고 배운다. 버릇육아의 첫 시작은 어쩌면 우리 부모들이 좋은 버릇과 예의를 갖추고 실생활에서 몸소 실천하는 것이 아닐까 싶다. 자식은 부모의 거울이니 말이다.

버릇도 훈련으로 완성된다는 교훈

"세 살 버릇 여든까지 간다."라는 속담은 우리가 어린 시절부터 숱하게 들어 봤을 것이다. 그만큼 우리 선조 때부터 버릇의 중요성을 강조했던 것이 아닐까 싶다. 또한, 어린 나이부터 버릇을 잘 가르쳐야 한다는 중요한 의미도 담고 있다. 잘못된 버릇이 유년기에만 나타나는 것이 아니라 성인이 돼서도 쭉 이어진다고 생각하면 정신이 번쩍 든다.

속담에서처럼 5세(만 3세)부터 초등학교 저학년까지는 아이들의 기본 생활습관을 잡아주는 '골든타임'이다. 유치원 누리과정과 초등학교 1, 2학년 통합교과에서도 생활습관 배우기의 중요성을 강조하고 있다. 양치하기부터 편식하지 않기, 일찍 잠들기, 손 잘 씻기, 정리 정돈 잘하기 등이 있다. 가장 기본적이면서도 어른이 돼서도 꼭 지켜야 하는 필수 생활습관이기 때문에 타이밍을 놓치면 쉽게 고쳐지지 않는다.

처음부터 좋은 버릇을 가지고 태어난 아이는 없다. 꾸준한 연습과 훈련 가운데 인성이 다듬어지고 사회화 과정이 이루어지는 것이다. 아이는 기본적으로 백지상태다. 그렇기 때문에 마음 가는 대로 천방지축으로 행동하는 것이 어쩌면 당연하다. 그런 아이를 조금씩 다듬어가는 과정이 부모의 역할이고 반복적 훈련이 필요한 이유이다. 여기서의 훈련은 훈육이라고도 말할 수 있다. 부모의 훈육 없이 좋은 버릇을 만들어가기는 어렵다.

미국에서는 흔히들 출입문을 지나갈 때 앞사람이 뒷사람을 배려해 문을 잡아주곤 한다.

특히 아이나 여성에게 더 배려해 주는 양보 습관이 배어 있다. 나 또한 그런 배려를 많이 누렸던지라 항상 고마움을 표현했다. 비단 어른만이 아니다. 초등학생 또는 중학생으로 보이는 아이들 또한 뒷사람을 배려해 출입문을 잡아주곤 한다. 한국에서는 경험하기 힘든 배려와 매너이다. 어쩌면 그 아이들은 어린 시절부터 부모의 행동을 보고 배웠거나 부모로부터 교육을 받았을 것이다.

COVID-19로 인해 미국에서 가깝게 지낸 가족들을 몇 년 동안 만나지 못하다가 작년 여름, 4년 만에 미국을 방문하게 되었다. 아이들이 그사이 훌쩍 자라서 초등 고학년이 된 아이도 있고 중학교 입학을 앞 둔 친구도 있었다. 예전보다 말수가 적어지고 장난기도 줄어들었지만 변하지 않은 것이 있었다. 집에서는 여전히 이런저런 이유로 엄마한 테 혼도 많이 나지만 밖에 나와서는 최소한의 매너는 지키더라는 것이 다. 호의를 받았을 때는 잊지 않고 "Thank you."라는 표현을 잊지 않 았고, 부모의 스마트폰을 빼앗아 보지 않았고, 친구들과의 정해진 놀 이 시간이 끝나면 아쉽더라도 약속을 지키고 일어난다는 것이다. 어 린 시절부터 부모의 버릇육아가 아이들의 매너와 배려를 만들어 낸 것 이다.

사회성을 키우기 위해서는 아이들이 일상생활에서 꼭 지켜야 할 버 릇(습관)을 배우고, 하나씩 실천하는 연습이 꼭 필요하다. 그럼 어떤 식으로 좋은 버릇을 훈련시킬 수 있을까?

가장 좋은 것은 부모와 함께 배우고 해 보기다. 손 씻기, 양치하기, 물건 정리 정돈 하기 등의 생활습관은 엄마와 함께 먼저 해 보면 좋다. COVID-19 기간에 유치원의 아이들에게 제일 먼저 가르쳤던 것이 바 로 '손 씻기'였다. 이 시기에 왜 우리가 손을 더 잘 씻어야 하는지 설명해 주었다. 즐겁게 손 씻기를 연습해 볼 수 있는 음악을 알려주고 음악에 맞춰 아이들과 손 씻기 연습을 매번 했던 기억이 난다. 4~7세의 아이들은 일단 설명을 해준 뒤, 꾸준한 반복 훈련을 통해서 좋은 습관을 들이기가 쉽다.

가정에서의 양치질 훈련 또한 부모랑 같이 연습해 보면서 단계적으로 아이 스스로 할 수 있게끔 한다. 치약을 짜는 것은 아이가 직접 해보게 한다든지, 양치는 부모님이 도와주고 헹구는 것은 혼자서 해 보게 하는 등 단계적으로 스스로 하게끔 하는 것도 좋은 방법이다.

놀이 후에 자신이 가지고 놀았던 장난감 및 필기구 정리도 수업 마무리 단계에서 꼭 하게 한다. 4살(만 2세) 친구들도 영어수업 시간의 규칙을 이미 알고 있기 때문에 '클린업 타임(clean-up time)'이라고 이야기하면 물건을 제자리에 잘 가져다 놓는다. '클린업 송(clean-up song)'을 즐겁게 흥얼거리면서 잘 정리한다.

일상의 작은 버릇을 훈련하기 위해서는 부모의 역할 또한 중요하다. 미국의 부모들은 아이들과 다니면서 이런저런 상황에서는 어떻게 해야 하는지를 차근차근 잘 알려준다. 그리고 부모들 또한 다른 사람들을 배려하고 매너 있는 행동을 먼저 보임으로써 아이들의 본보기가 되어 준다. 그들의 모습을 보고 우리 부부도 행동에 더 신경 쓰고 아이들을 가르쳤다. 아이들과 외출 시, 작은 쓰레기라도 절대 바닥에 버리지 않고 집에 가져오거나 쓰레기통에 꼭 버리도록 가르쳤다. 그러기 위해서는 우리 부부 또한 아이들 앞에서 휴지 한 조각, 사탕 껍질 하나라도 길바닥에 버리지 않고 주머니에 넣고 다녔다. 그런 버릇이 훈련되어 우리 아이들은 쓰레기를 아무 곳에나 버리지 않고 주머니 또는 가방 안에 넣어 둔다. 아이는 부모의 행동을 그대로 보고 배우기 때문이다.

위에서 말한 일상적인 생활습관과 달리 연습을 넘어 훈육이 들어가야 할 버릇이 있다. 실내에서 뛰지 않기, 큰 소리로 떠들지 않기, 줄 서서 순서 기다리기, 실내에서 킥보드 타지 않기, 친구를 때리지 않기 등이다. 기본적으로 어떤 행동을 했을 때 다른 사람에게 피해를 끼치게 되는지에 대해서 알아야 한다. 그리고 피해를 끼치는 행동을 했을 때 어떻게 되는지에 대해서도 말이다.

처음부터 무조건 "하면 안 돼!"라고 말하는 것보다는 아이에게 안되는 이유에 대해서 먼저 이야기해 주자. 그리고 실제 아이가 가정에서나 공공장소에서 하지 말아야 할 행동을 했을 때는 바로 단호하게 훈육해야 한다. 한 번에 아이들의 나쁜 버릇이 고쳐지지는 않는다. 반복 훈련 (훈육)이 이루어지면서 아이의 사회화 과정이 점차 이루어지게 된다.

안 되는 것은 안 된다고 확실히 말을 해줘야 한다. 어떤 아이가 친구를 때렸는데, 이걸 "때리면 안 되지 않을까?"라고 말하면 안 되고, "아무리 네가 기분이 나쁘다고 해도 사람을 때리면 안 되는 거야."라고 확실하게 가르쳐야 한다. 이게 바로 훈육이고, 규칙은 꼭 지켜야 하기 때문에 단호하고 분명하게 말을 해줘야 한다.

미국 거주 시절, 남편 지인의 집에 초대를 받아 아이와 함께 간 적이 있다. 우리 가족만 동양인이었고 나머지 사람들은 전부 백인 가족이었다. 초대받은 집에는 8세 여자아이, 6세 남자아이, 4살 남자아이 이렇게 세 명의 아이가 있었다.

문제는 막내 4살 남자아이였다. 엄마가 손님맞이를 하느라 정신 없는 와중에 계속 까불고 장난치고 엄마 말을 안 들어서 2차례 경고가 떨어졌다. 마지막 3차례 경고가 떨어지자 엄마는 "That's it. Go to your room!(이제 그만. 너 방으로 들어가)"라고 얘기했고 막내 아이는 방으로 들어갔다. 한참 뒤에 아이와 함께 방에서 나온 뒤, 엄마에게 물어보니 아이 방에서 'Thinking chair(생각의자)' 시간을 갖게 했다는 것이다. 부모가 주의를 시키고 잘못된 행동임을 얘기했음에도 불구하고 자기 고집을 부리고 말을 듣지 않을 경우, 쓰리아웃 (three-out,

세 차례 경고)이 되면 바로 Thinking chair를 실시한다는 것이다.

정해진 방에 함께 들어가 문을 닫고 정해진 의자에 앉힌다. 엄마도 무릎을 꿇어 눈높이를 비슷하게 한 후 아이가 무엇을 잘못했는지에 대해 말하고 스스로 자기 잘못을 생각하게 하는 시간을 갖게 하는 것이다. 혹 아이가 심하게 운다거나 저항하면 몸을 움직이지 못하게 아이의 팔을 딱 붙잡아 진정시키는 것이 첫 단계이다.

이야기할 때는 절대 소리 지르거나 체벌을 하지 않는다. 아이에게 엄마 눈을 보게 한 다음 단호한 목소리로 분명하게 잘못을 알려줘야 한다는 것이다. 그날 미국 엄마의 훈육 장면을 직접 보면서 매는 없지만, 단호함이 있는 선진 육아법에 대해 또 한 번 배울 수 있었다. 그 이후로 우리 부부는 아이를 훈육할 때 Thinking chair 방법을 시도해 보았다. 부모가 몇 번 주의를 주고 잘못된 행동임을 얘기했음에도 불구하고 자기 고집을 부리고 떼를 부린다면, Thinking chair 실시이다. 어떤 때는 아이가 자기의 잘못을 인정하지 않고 계속 울고 저항하면서 1시간 넘게 방 안에서 훈육할 때도 있다. 그리고 방에서 나오면 몸이 아주 녹아내리는 느낌이다. 기가 쫙 빨렸다고나 할까? 안 해본 사람은 모를 것이다. 그럼에도 불구하고 이 방법을 고수하는 이유는, 확실한 훈육이 되기 때문이다. 큰아이와 작은아이가 함께 잘못했을 때는 동시에 실시하고 마지막에 자신의 잘못을 스스로 이야기해 보게 한다. 화내고 소리 지르는 것보다 이 방법이 훨씬 더 잘 먹힌다.

아이들의 잘못된 습관, 그리고 다른 사람들을 불편하게 하는 버릇은 부모로부터 교육되어야 한다. 첫술에 배부를 수 없듯이 아이들의 좋은 버릇은 하루아침에 만들어지지 않는다. 부모 또한 조급한 마을을 조금 내려놓고 반복적으로 아이의 버릇을 훈련해야 한다. 어린아이라 할지라도 부모의 훈육 가운데 행동의 옳고 그름을 생각할 수 있게 되고, 반복되는 훈련 가운데 아이의 올바른 사회성도 길러진다.

앞서 소개된 훈육법 외에도 내 아이에게 잘 맞는 방법으로 훈련해 간다면 우리 아이도 어느새 멋진 세 살 버릇을 가지게 될 것이고, 성숙한 어른이 될 수 있는 최소한의 준비과정을 겪게 될 것이다.

기질은 어쩔 수 없어도 버릇은 길들이기 나름

최근 사람들이 모이는 자리에서 빼놓지 않고 등장하는 단어는 MBTI이다. 상대방에 대해서 아직 잘 모르거나 알아가는 과정이라면 "MBTI가 어떻게 되세요?"라고 물으면 바로 대화가 자연스럽게 이어 지는 경우가 많다. 비슷한 성향을 지니고 있으면 서로 공감대가 형성 되면서 대화가 더 편하게 되고 친밀하게 되는 계기가 된다. MBTI는 융(C. Jung)의 심리 유형론을 바탕으로 하여 4가지 선호 지표를 조합 하여 16가지 성격유형으로 나누고 있다. 어른들 사이에서 성향검사가 유행하듯, 최근에는 아이의 기질을 파악하여 그에 맞는 훈육법에 관 한 관심이 높아지고 있다.

아이의 기질을 대표적으로 순한(Easy), 까다로운(Difficult), 반응이 느린(Slow to warm)의 3가지로 볼 수 있다. 둘 이상의 자녀를 키우고 있는 부모라면 공감할 것이다. 한 배 속에서 태어났는데도 다른 기질과 성격을 가지고 있는 모습들을 보면서 신기할 때가 많다. 게다가 성별까지 다르면 두 자녀의 다름은 정말 상상 초월이다. 나 또한 남자아이와 여자아이를 키우고 있는데 이 둘은 기질 자체가 매우 다르다. 그 다름을 인정하고 이해하기 위해 여전히 노력 중이다. 그렇다면 우리 자녀는 어떤 기질을 가지고 있을까?

위에 언급한 대로 3가지로 단정 짓기는 어렵다. 큰아이는 순한 면도 있지만, 가만히 들여다보면 섬세함과 예민한 기질이 있다. 반면 작은아이는 반응이 빠르지만 까다로운 면이 있고 어떤 부분에서는 수용이 빨라서 순한 기질도 가지고 있다. 이러한 아이의 복합적인 기질이 존재하기 때문에 성격유형 검사보다도 엄마의 눈이 가장 정확하다. 사람들이 말하는 기질 분석에 크게 신경 쓰지 않았으면 한다. 그냥 자연스럽게 부모가 아이의 성향을 잘 파악하고 인지하고 있으면 된다.

그럼 큰아이와 작은아이의 기질이 다르다고 한다면 훈육을 어떻게 해야 할 것인가? 방법의 차이가 조금 있을 수는 있지만, 기본 바탕은 똑같다. 기질이 다르다고 해서 원칙이 바뀌지는 않는다. 기질이 어떻든 간에 좋은 버릇 들이기를 위해 부모의 훈육은 반드시 필요하다. 기질이 까다로운 아이라고 해서 해서는 안 될 행동을 묵인하고 허용해 줄 것인가? 아니다.

부모가 좀 더 인내심을 갖고 아이가 지켜야 할 규칙에 익숙해질 때까지 연습하는 방식으로 접근해야 한다. 큰아이는 그나마 순한 편이라 좋은 버릇 들이기가 비교적 수월했다. 작은아이를 출산하고 들었던 생각은, '큰아이와 달리 작은아이가 순하지 않아서 버릇 훈육이 잘 안 되면 어떡하지?'였다. 출산하고 나서 아이를 몇 주간 지켜보니 여자아이지만 순한 기질의 아이는 분명 아니었다. 나름 큰아이의 버릇 육아는 잘해 왔다고 생각했는데, '작은아이는 잠도 잘 안 자고 보채기만 하면 어쩌지?' 하고 오만가지 생각이 들었다. 심지어 작은아이는 타지에서 출산했기 때문에 조부모님의 도움을 받을 수도 없어 두려움이 더 앞섰다.

정신력으로 무장하고 큰아이 때의 육아 기록을 찬찬히 보면서 기억을 더듬어 보았다. 신생아 시기에는 잘 먹고 잘 자기만 하면 되니, 루틴을 잡아주기 위해 노력했고 다행히 작은아이는 잘 따라와 주었다. 이후에 아이가 3세가 되면서 진짜 버릇육아는 시작되었다. 이때부터는 누구나 자기 마음대로 하려는 습성을 가지고 있기 때문에 중요한 시기이다. 일상생활에서 하지 말아야 할 것들, 지켜야 할 규칙들에 대해 알려줄 때는 훈육이 반드시 들어가야 한다. 흥정, 조건, 타협이 있어서는 안 된다.

올해 여름방학 때 아이와 함께 미국에서 한 달 정도 지내다가 왔다. 미국의 아이들도 방학 기간이라 함께 수영하고 놀이공원도 가고 식사하는 자리가 많았다. 대부분 가정이 2~3명의 자녀가 있었기 때문에 같이 만나서 시간을 보냈다. 우리 집도 그렇지만 다른 집 형제, 자매들의 성향도 완전히 다 달랐다. 엄마들은 한 배 속에서 나왔는데 어쩜 저렇게 성향이 다른지 모르겠다며 자녀 양육이 쉽지 않다고 했다. 하지만 공통된 것은, 기질이 다르다고 해서 안 되는 것에 대해서 허용을 해주지 않는다는 점이다. Kindergarten(유치원)에 다니는 아이부터 중학생 언니 오빠까지 다양한 나이의 다른 기질의 아이들은 각 가정에서 같은 규칙 아래 훈육되었다. 공공장소에서 뛰거나 시끄럽게 한다거나, 어른에게 버릇없이 말하거나, 주변에 피해를 주지 않았다. 혹시라도 그런 행동을 했을 때는 바로 부모의 훈육이 들어간다.

예민함의 끝판왕인 작은아이도 큰아이 때 해왔던 것처럼, 정해진 자리에서만 밥을 먹게 하였다. 정해진 시간이 되면 스스로 침대에 누워서 잠을 자게 하였고, 자기 전에는 자기 방의 어질러진 물건들을 정리하게끔 하였다. 까다로운 기질을 가진 작은아이가 의외로 버릇육아가 순조롭게 되어 '내가 왜 괜한 걱정을 했지?'라는 생각이 들기도 했다.

큰아이의 생활습관들을 보면서 작은아이는 저절로 그 습관들이 다져진 것 같다. 오빠가 항상 정해진 자리에서 스스로 밥을 먹는 것을 보고 자란 동생은 으레 그것을 당연한 것으로 받아들였다. 오빠가 틈나는 대로 책을 보고 있으니 동생도 어느 순간 오빠 옆에서 책을 꺼내 보기 시작했다. 오빠가 식사 전에 기도하는 것을 보니 자기도 같이 따라서 기도를 하는 등 오빠의 행동을 대부분 따라 하고 있었다. 큰아이의 버릇을 잘 길들여 놓으면 기질이 딴판인 작은아이의 버릇도 자연스레 좋게 형성된다. "윗물이 맑아야 아랫물이 맑다."라는 속담도 있지 않은가? 물론 작은아이의 까칠함을 가끔 받아줘야겠지만 말이다.

유치원에서 영어수업을 하다 보면 수업에 잘 참여하는 아이가 있는 반면, 말을 안 듣고 수업을 방해하며 까부는 아이가 있다. MBTI 성격 유형으로 볼 때 'NP기질(즉흥, 얽매이는 것을 싫어하고 자유롭기를 원하는 유형)의 아이들은 규칙을 지켜야 한다는 개념이 거의 없다. 그렇기 때문에 선생님들로부터 지적을 많이 받기도 한다.

몇 년 전, 영어수업을 하던 유치원에 윤아라는 6세 여자아이가 있었다. 수업을 시작한 첫날부터 그 아이가 예사로워 보이지 않았다. 수업에 집중을 못 할뿐더러 친구들의 수업을 방해하고 친구들을 불편하게 하였다.

담임 선생님께서도 항상 그 아이의 행동을 제지하기 위해서 온 신경이 곤두서 있었다. 나 또한 영어수업 시간에 그 아이가 어떤 행동을 할지 여간 신경 쓰이는 게 아니었다. 그 친구의 주특기는 책상에 엎드려 있거나, 수업 중에 돌아다니는 것이다. 정말 내 자식 같았으면 머리를 한 대 쥐어박기라도 했을 텐데 남의 집 자식이니 그렇게 할 수도 없는 노릇이고 여간 스트레스가 아니었다.

그냥 그 아이 한 명쯤 무시하고 수업을 해나갈까 싶기도 했지만 내 성격상 학생을 한 명이라도 버리고 가는 것은 용납되지 않았다. 나는 수업이 끝난 후에 윤아를 따로 불러서 잘못된 행동에 대해서 이야기해 주었고 어떻게 행동해야 하는지 설명해 주었다. 처음에는 당연히 듣는 둥 마는 둥 딴청을 피우고 무시하면서 들었다. 하지만 포기하지 않고 수업 시간에 지켜야 할 규칙을 매번 일러주었고, 윤아의 태도는 4~5개월 후부터 조금씩 변화되었다. 연필을 바로잡고 워크북에 영어단어를 또박또박 따라 쓰기 시작했고, 나에게도 마음을 조금씩 열고 수업 시간에 바른 자세로 참여하였다. 가끔 예전 기질이 불쑥 나오기도 했지만, 다시 또 바로 잡아가며 1년을 잘 마무리할 수 있었다.

　그 아이를 지도하면서 느낀 것은, 훈육과 생활지도의 바탕에는 아이에 대한 신뢰와 애정이 있어야 한다는 것이다. 윤아를 대할 때도 진심으로 이 아이가 좋은 버릇을 배워나갔으면 하는 바람에서 시작했다. 말을 잘 듣지 않아 윤아를 미워하는 마음이 아니었다. 분명히 마음속에는 잘하고 싶은 마음이 있는데 다듬어지는 시간이 좀 더 걸리는 것이라 생각했다. 아이 또한 선생님의 마음을 자연스레 느끼게 되어 있다. 선생님과 학생의 관계도 결국 사람과 사람의 소통이고 상호작용이 있기 때문에 '케미'가 존재한다. 부모와 자녀 사이에는 그 케미가 더욱 진하다. 우리는 아이의 기질이 어떻든 아이의 기본적인 좋은 버릇을 길들이기 위해 훈육해야 한다. 서로 다른 기질을 지닌 우리 집 아이들의 경우에도 버릇을 잘 잡아놓으니 육아가 훨씬 더 편해졌다. 아이의 기질에 따라서 조금 다른 모양과 속도로 지도 및 훈육이 지혜롭게 들어가는 것뿐이지 안 되는 것에 대한 타협이 들어가서는 안 된다. 기질을 핑계 삼아 우리 아이가 버릇없는 아이로 자라면 안 되니깐 말이다.

2장

...

수면 버릇:
일단 잠 잘 자는 아이로 키우자

3세 이후부터는 무조건 혼자 재워라

큰아이를 출산하고 산후조리원에서 2주간의 생활이 끝나고 퇴소를 하면서 진짜 육아라이프가 시작되었다. 같이 수유하고 산후요가도 하면서 조리원 동기들은 어느새 육아 동지가 되었다. 단체 카톡방에서는 아이의 근황을 서로 전하면서 사진도 보내고 분유량은 얼마나 되는지 온통 육아 이야기로 도배 되었다.

엄마들의 가장 큰 관심은 '수면'이었다. 아이가 몇 시에 자서 몇 시에 깨는지, 어떻게 잠드는지, 낮잠은 몇 번 자는지 등의 이야기였다. 밤에 깨지 않고 통잠을 자는 100일의 기적이 우리에게도 찾아올 것이란 기대를 하고 다 같이 힘내자는 메시지로 서로를 응원하였다. 엄마들 사이에서 최고의 부러움을 사는 것은 '잠 잘 자는 아이'를 둔 엄마다. 신생아 시절뿐만 아니라 돌이 지나고 두 돌이 지나서도 아이들의 수면 패턴에 따라서 엄마의 라이프 퀄리티는 확연히 달라진다. 그만큼 아이들의 수면 버릇은 아이뿐 아니라 엄마에게 있어서도 매우 중요하다.

큰아이의 수면 버릇을 들이기 위해 다양한 방법을 시도했다. 모유 수유를 하면서도 재워보고, 아기띠를 사용해서도 재워보고, 울려서도 재워보고, 토닥이면서 쉬쉬~ 소리 내면서도 재웠다. 모유 수유를 했던 만 8개월까지는 아이가 젖을 먹으면서 스스로 잠들길래 바로 아기침대에 눕혀 그대로 재웠다. 분유를 끊고 이유식을 시작한 돌 때부터 시도한 방법은 아이 옆에서 같이 누워 재우는 것이었다. 아기체육관(국민장난감으로 불렸던 장난감) 멜로디를 들으면서 30분에서 길게는 1시간 정도까지 같이 누워 있었다. 그리고 아이가 잠들면 살금살금 몸을 일으켜 방에서 나왔다. 두 돌 때까지 1년이 넘는 기간 동안 이런 패턴으로 재우기를 반복했다. 물론 같이 누워 있는 시간이 아이와 교감이 이루어진다는 좋은 점도 있지만, 어떤 때는 정말 힘들었다. 누워 있고 싶지 않아도 침대에 가만히 누워 있어야 하고, 육퇴(육아 퇴근) 후 자유롭게 내 시간을 보내고 싶은데 그러지 못하니 말이다.

어떻게든 변화를 시도할 때가 왔는데, 바로 작은아이를 임신하고 나서부터다. 임신 초기부터 24주까지 소위 상위 1% 입덧을 했기 때문에 큰아이 옆에서 절대 누워 있을 수 없는 상황이었다. 올 것이 온 거다. 어느 날 갑자기 34개월 아이에게 혼자 누워서 자라고 하니 아이도 얼마나 황당한 일이겠는가. 침대에 눕혀 놓고 방에서 나오니 아이는 자지러지게 울기 시작했다. 버릇을 잘못 들인 내 업보이지 싶었다. 그동안 버릇을 잘못 들여놓았으니 그걸 다시 바로 잡으려면 몇 배의 노력이 더 필요했다. 엄마가 옆에 없으니 잠이 들지 못하는 아이는 미친 듯이 울었고, 문을 열고 자꾸 나오려는 아이를 다시 방으로 들여보내며 나오면 안 된다고 계속 말해주었다.

어떤 날은 방안에서 1시간을 넘게 운 적도 있다. 옆에서 지켜보던 남편은 굳이 이렇게까지 해야 하냐며 비관적으로 말했지만, 나는 단호했다. 여기서 물러서면 절대 안 될 것 같았기 때문이다. 아이와의 기싸움에서 이겨야 한다는 생각과 지금 수면 버릇을 제대로 잡지 않으면 영원히 잡을 수 없을 것 같았다. 누가 뭐라 하든 무조건 밀고 나가기로 결심했다. 나로서는 임신 초기에 큰 결심이었다.

밤 9시가 아이의 자는 시간이었는데 처음 몇 주간은 아이의 울부짖는 패턴이 반복되었다. 저녁 시간이 다가오면 오늘은 또 어떻게 수면 전쟁을 치러야 하나 싶어 매일같이 두려웠다. 남편은 미국 유학 당시 공부 때문에 거의 집에 늦게 들어왔기 때문에 모든 게 엄마인 내 몫이었다.

아이가 만 3세가 되면서 엄마와 아이의 새로운 수면 팀워크가 시작되었다. 어느 한쪽이, 특히 엄마가 마음이 약해져서는 안 된다. 마음 단단히 먹고 밀어붙여야 한다. 그렇게 며칠이 지났을 때, 심하게 저항하던 아이는 어느 날부터 자기 방에서 혼자 멜로디를 들으며 스스로 잠들었다. 아이도 더 이상 울어봐야 소용없다는 것을 알게 된 것이다. 드디어 광명이 찾아왔다.

아기체육관에서 흘러나오는 멜로디를 듣고 자는 것은 하나의 의식이자 수면 패턴이 되어버렸다. 아기체육관은 수면필수템이 되어서 우리 가족은 여행 갈 때도 분해해서 챙겨갔을 정도다. 이런 과정을 겪고 나서 작은아이의 수면 교육은 더 업그레이드되었다. 큰아이 때 멋모르고 시도했던 수면 습관들을 기억해 보면서 작은아이의 수면 습관을 어떻게 들일지 고민했다. 입주 도우미 이모님께서 70일까지 도와주시고 그 이후로는 내가 전적으로 작은아이의 수면 교육을 했다. 귀에 못이 박히도록 듣던 멜로디가 나오는 아기체육관은 아예 시도조차 하지 않았다. 아기침대 안에서 분유를 먹고 잠들면 살짝 눕혀서 재우는 식으로 시작해서 분유를 끊은 이후에는 우리만의 수면 의식을 치렀다.

다행히도 작은아이는 내가 끌고 가는 대로 아주 잘 따라주었다.

아이 방에 같이 들어가서 아이를 침대에 눕히고 조명을 어둡게 만들어 준 다음, "이제 잘 시간이야. 코 자자. 낸네~쉬이~" 하고 수면 의식을 치른 후 방문을 닫고 유유히 나오면 된다. 우리 아이들의 경우, 둘 다 엎어져서 잤기 때문에 등을 토닥토닥 해주며 안정감을 느끼게 해 주었다.

엄마는 이제 해방이다. 우리 집 아이들은 9시가 되면 어김없이 밤잠(통잠)을 잤기 때문에 그 이후에 나만의 시간을 온전히 누릴 수 있었다. 그 시간이 없었더라면 나는 절대로 미국에서 독박 육아를 하지 못했을 것이다. 주변 친구들이 아이가 잠을 혼자 자지 않아서, 또는 늦은 시간까지 깨어 있어서 힘들어 하는 모습을 많이 봤기 때문에 수면 버릇의 중요성을 잘 알고 있다. 아이의 수면 버릇만 잘 잡혀 있어도 육아는 훨씬 수월해진다. 적어도 3세부터는 자기 침대에서 스스로 잠드는 수면 버릇을 만들어 주자. 혼자서 자는 버릇을 갖기까지의 과정이 쉽지만은 않지만, 그 시간을 잘 버텨야 한다. 중간에 포기하지 말고 단단히 각오하고 시작해 보자. 신생아 시기부터 길들일 수 있는 버릇 중 하나가 수면 버릇이다.

수면 버릇 잡기는 빠르면 빠를수록 좋다. 하지만 시기를 놓쳤다 하더라도 포기하거나 걱정할 필요는 없다. 3세 이후에 시도한다고 하더라도 방법이 크게 달라질 것은 없다. 마음의 큰 결심을 하고 3세 이후라도 꼭 수면 습관을 바르게 잡아주자. 수면 버릇은 다른 버릇에도 큰 영향을 미치는 중요한 습관 중 하나이기 때문이다.

일단 아이에게 수면시간 루틴을 분명히 알려줘야 한다. 아이의 생활 루틴을 만들어 주는 것은 굉장히 중요하다. 아침에 정해진 시간에 일어나서 세수하고 아침밥을 먹는 것처럼, 어두워지면 잘 준비를 하고 잠옷으로 갈아입고 잠자리에 눕는 것이 규칙적인 루틴이 되어야 한다. 이런저런 이유에서 예외를 허용해서는 안 된다. 어느 날은 잠이 안 와서, 혹은 더 놀고 싶어서 루틴을 깬다면 엄마 또한 앞으로 힘들어질 것이다. 설령 책을 더 읽고 싶다 하더라도 지금은 잘 시간이 되었으니 일단 잠자리에 들고 내일 더 길게 책 읽는 시간을 갖자고 설명해 주면 된다. 항상 얘기하지만, 아이의 요구에 끌려다녀서는 안 된다. 버릇육아에 있어서 중요한 것은 '일관성'과 '원칙'이다. 물론 특별한 일정이 있는 날에는 자는 시간이 달라질 수 있겠지만, 평상시에는 아이의 루틴을 규칙적으로 지켜줘야 한다.

어린 시절부터 부모가 수면 버릇에서 주도권을 가지고 양육한다면 다른 버릇들 또한 잘 잡을 수 있다. 이것이 부모의 역할이다.

낮잠이 밤잠을 망친다는 속설

한국에서는 만 3세까지, 즉 어린이집에 다니는 기간에 원에서 2시간 안팎으로 낮잠 시간이 주어진다. 큰아이도 작은아이도 둘 다 낮잠을 빼먹은 적이 없다. 두 아이 간에 차이는 있었지만 2시간 정도가 평균 시간이었다. 4세가 되면서 1시간 정도로 낮잠 시간이 줄었지만, 하루도 빠지지 않고 그 패턴을 유지했다.

낮잠은 분명 그 시기에 필요하므로 어린이집에서도 정해 놓은 일과 중 하나이다. 신생아의 수면시간은 약 18~20시간, 만 1~2세의 수면시간은 12~15시간, 만 3~5세의 수면시간은 10~12시간이다. 밤잠으로 다 채워지지 못한 수면시간은 낮잠으로 채워져야 한다. 아이들은 노는 것에 집중하게 되면 피곤함을 잊어버리고 안 자고 버티는 경향이 있다. 아이들의 친구들과 1박 이상 여행을 가보면 피곤하면서도 자정이 넘는 시간까지 잠자리에 들려 하지 않는다. 아이들은 별거 없다. 잘 먹고, 잘 자고, 잘 노는 패턴을 지켜줘야 한다. 잠이 부족하면 당연히 짜증이 늘고 그러다 보면 잘 놀지도 못하고 잘 먹지도 않는다. 그뿐만 아니라, 기억력과 지능이 저하되고 공격적인 행동과 우울함이 높아진다고 한다.

어린이집에서 수업하다 보면 아이가 유독 산만하거나 짜증을 내며 수업에 집중하지 못하는 경우가 있다. 이때 담임 선생님께서는 아이가 오늘 낮잠을 잘 못 자서 수업이 조금 힘들 수 있다고 미리 귀띔해 주곤 한다. 그만큼 영유아시기에 낮잠은 아이들의 컨디션 조절에 큰 영향을 미친다.

두 아이를 키우면서 확실하게 경험한 것은, 낮잠을 잘 자는 날에는 밤잠도 잘 잔다는 것이다. 언뜻 봐서는 낮잠을 자면 밤잠이 줄어들 거라 생각되지만 사실은 정반대이다. 통념과 달리 낮잠은 밤잠에 큰 영향을 주지 않는다. 낮잠을 적당히 자야 밤에도 편안히 숙면할 수 있다는 것은 여러 의학적인 연구와 조사에서 이미 밝혀져 있다. 낮잠을 자면 숙면에 방해가 될 수 있는 신경의 피로가 축적되지 않는다. 낮잠은 신체의 긴장을 풀어주고 균형을 잡아주는 역할을 한다. 또한, 근육과 척추를 이완시키고 균형을 이루게 해서 혈액 순환이 원활해진다. 따라서 낮잠을 잘 잔 아이는 오히려 밤에 울거나 보채지 않고 숙면을 취할 수 있게 된다. 물론 밤잠이 들기 2~3시간 전에 낮잠을 재우면 활동한(노는) 시간이 짧기 때문에 밤에 잠드는 시간이 늦춰진다. 하지만 낮잠을 자고 나서 한참을 놀고 난 뒤에는 밤잠도 잘 잔다. 물론 낮잠을 자려고 하지 않는 아이도 있다. 낮에 잠을 자지 않으면서도 밤에 특별히 보채지 않고 잠을 잘 잔다면 굳이 낮잠을 재우려고 노력하지 않아도 된다. 다만 밤에 많이 보채거나 깊이 잠들지 못한다면 그때는 낮잠을 잘 수 있도록 도와주는 것이 좋다.

아이의 생활 패턴과 수면 패턴을 연구하고 분석하다 보면 우리 아이에게 낮잠이 필요한지 아닌지, 그리고 평균 낮잠 시간을 예측해볼 수 있다.

우리 아이들의 경우에는 2세 때까지 평균 낮잠 시간이 2시간이었다. 평소 낮잠 시간보다 더 길게 자는 날은 억지로 깨워서 일어나게 했다. 앞서 얘기한 것처럼, 아이의 24시간 일과가 정해진 타임 테이블

(time table)대로 규칙적으로 흘러가야 한다.

엄마도 사람이다. 어떻게 온종일 아이와 씨름하면서 쉬지도 못하고 지내겠는가? 아이가 낮잠 자는 동안 엄마도 잠깐 쉬어 가야 한다. 한두 시간의 낮잠 시간이 없었다면 나는 절대 독박 육아를 이겨내지 못했을 것이다.

엄마가 편해지기 위해서라도 아이의 수면 패턴을 확실히 만들어 줘야 한다. 엄마가 편해진다는 것은, 결국 아이에게도 긍정적인 영향을 미친다. 엄마가 힘들고 매번 아이의 수면 문제로 지쳐 있고 힘들어한다면 결국 아이에게도 좋은 영향을 끼칠 수 없다. 엄마도 사람인지라 피곤한 컨디션을 가지고 있다면 그 짜증이 결국 아이에게로 전달된다. 반대로 아이와 엄마 모두 숙면하게 된다면 다시 재정비된 체력으로 일상을 이어갈 것이다.

엄마만큼 우리 아이에게 열정과 관심으로 잘 키울 수 있는 사람은 없다. 결국, 엄마가 나서서 수면 버릇을 잡아줘야 한다. 아이의 성향과 수면 패턴, 낮잠과 밤잠을 잘 자는 주변 환경, 잠버릇 등을 잘 관찰하고 내 아이의 수면 바이블을 만들어야 한다. 엄마와 아이의 최고의 팀워크는 분명 만들어질 것이다.

최적의 수면 환경 만들기

몇 년 전에 영어수업을 했던 어린이집에는 만 1세 친구들부터 5세 친구들까지 다양한 연령의 아이들이 있었다. 1~3세 친구들까지는 중간에 점심을 먹고 낮잠을 잔다. 어떤 어린이집의 경우, 4세 친구들도 낮잠을 자기도 했다. 아이들이 낮잠 자는 환경을 보면 교실 안에 커튼을 닫아 놓아 어둡게 만들어 놓은 후 잔잔한 음악을 틀어 놓는다. 그리고 주변은 최대한 조용하게 만들어 놓는다.

어린이집에서는 아이들이 낮잠을 잘 자도록 편안한 환경을 만들어 주고 있다. 어른도 숙면할 수 있는 각자의 방법이 있다. 어쩌다 그 환경이 깨지면 잠을 설치거나 깊은 잠을 못 자기도 한다. 아이 역시 수면 환경이 중요하다. 아이의 수면 버릇을 잘 들이기 위해서는 부모의 기초작업이 필요하다. 그것이 바로 최적의 수면 환경 만들어 주기다.

아이가 가장 좋은 환경에서 잠을 잘 잘 수 있게 해주려면 우리 아이의 수면 버릇을 잘 관찰해 봐야 한다. 어떤 자세에서 자는 것을 편안해하고 어떤 외부적 환경에 예민하게 반응하는지를 말이다. 우리 아이들은 조명이 어두운 곳에서 잠을 잘 잤기 때문에 특별히 빛 차단에 신경을 썼다. 그리고 방에서 혼자 잠이 들기 때문에 애착 담요와 인형이 옆에 있어야 했다.

큰아이의 경우는 소리에 너무 예민했던지라, 우리 부부는 아이가 잠이 들고 나서는 절간처럼 조용히 지내야 했다. 거실에서 TV를 볼 때면 음량을 작게 낮추었고, 야식을 먹을 때면 안방에 들어가서 먹을 정도였으니 말이다. 지금 와서 생각해 보면 첫째 아이라 그런지 우리 부부도 어리숙했던 것 같다. 무음 환경이 결국 아이의 청각을 더 예민하게 만들지 않았나 싶다. 그래도 그 덕에 아이가 생후 100일 때부터 밤에 통잠을 잤으니, 우리의 필사적인 노력은 충분히 가치 있었다.

낮잠을 잘 때도 밤잠을 잘 때도 아이에게 가장 잘 맞는 수면 환경을 만들어 주는 것이 중요하다. 청각이 조금 예민한 아이라면 그 부분에 중점을 맞춰서 환경을 만들어 줘야 하고, 배고픔을 느낄 때 잠을 자기 힘든 아이라면 식사를 충분히 한 후에 재워야 한다. 빛에 예민한 아이라면 가능한 한 어둡게 해주고 말이다.

　또 다른 방법으로는 아이의 애착 물건을 만드는 것이다. 애착 인형이든 애착 담요가 됐든 다 좋다. 자기 침대에 누워서 잠을 자려고 할 때 애착 물건이 있으면 아이는 안정감을 느끼며 스스로 잠들 수 있도록 도와준다. 초등학교 6학년인 큰아이와 3학년인 작은아이는 신생아 시절부터 가지고 자던 인형과 얇은 담요를 아직도 꼭 껴안고 잔다. 여행을 가서 새로운 환경에서 잠을 자야 할 경우에도 이 애착 물건만 있으면 아이들은 거부감 없이 잠을 잘 잔다. 여행지에서 아이들이 잠을 자지 않으면 우리 부부는 온전한 쉼을 누리지 못하게 될 테니 꼭 필요한 아이템이라 할 수 있다.

아기침대에서 애착담요, 인형과 함께 잠드는 작은아이

최근에 카공족(카페에서 공부하는 사람 또는 무리)이 늘고 있다. 과거에는 도서관 또는 독서실에만 공부했다면 요즘에는 공부 장소로 카페를 많이들 이용한다. 남편도 너무 조용한 장소보다는 약간의 소음이 있는 카페가 공부하기 좋다고 한다. 약간의 소음이 공부하는 학생의 집중력을 높이는 데 효과가 있다는 연구 결과처럼, 수면에도 어느 정도 도움을 줄 수 있다. 우리 집의 경우, 필터 돌아가는 소리가 나는 공기청정기를 방안에 놔두어 방 밖에서 나는 소리가 묻히도록 해주었다. 하나의 수면 의식처럼 자기 직전에 공기청정기 전원을 켜면 팬이 돌아가는 소리가 나면서 아이도 '아 이제 자는 시간이구나.' 하고 인식하게 해줄 수 있다.

여기서 빠질 수 없는 수면 환경 중 하나는, 엄마와 아이의 수면 의식이다. 아이에게 이제 자야 할 시간임을 알려주는 하나의 신호이자 주문 같은 것이다. 잔잔한 음악이 되어도 좋고, 엄마의 멘트가 되어도 된다. 우리 집은 낮잠 또는 밤잠을 잘 때 아이 방에 함께 들어가 방문을 닫고 불을 끄고 커튼을 닫는 의식을 치렀다. "이제 잘 시간이야. 코 자자. 낸네타임('자장자장 하자, 코하자.'라는 의미의 표현) 쉬이~"라고 말해주면서 등을 토닥토닥 해주며 안정감을 느끼게 해 주었다. 아이는 '이제 내가 자야 할 시간이구나.'라고 생각하며 스스로 잠들기 위해 노력했다.

내 아이를 속속들이 잘 알고 있는 사람은 엄마다. 아이가 어떤 환경에서 편안해 하고 불편해 하는지, 그리고 어떤 것을 좋아하는지 말이다. 수면 버릇에 있어서도 아이에 대한 관찰과 연구가 동반되어야 한다. 다양한 방법을 시도해 보면서 시행착오를 통해 내 아이에게 최적의 수면 환경을 만들어 줘야 한다. 큰아이의 수면 버릇 성공 경험에도 불구하고 아쉬움이 남는 부분을 작은아이 때는 더 보완해서 업그레이드시켰다. 아이도 부모도 모두 편한 방법으로 말이다. 최적의 수면 환경을 한번 제대로 세팅해 놓으면 부부의 공동육아가 더 수월해진다. 엄마가 아니라도 아빠가 같은 방법으로 시도할 수 있기 때문이다. 처음에는 조금 힘들 수 있겠지만 다양한 시도를 통해 아이의 최고의 수면 환경을 만들어 보자.

─────◆─ 4 ─◆─────

잠 앞에 장사 없다

사람은 수면으로 인생의 3분의 1을 보낸다. 그만큼 수면은 단순한 휴식이 아닌, 건강한 신체와 정신을 위한 필수 과정으로 인식되고 있다. 최윤호 가톨릭대학교 인천성모병원 뇌병원 신경과 교수는 "좋은 잠이 쌓인다. 좋은 나를 만든다."라는 명언을 남겼다. 그는 어느 침대 회사의 광고 문구를 빌리지 않더라도 좋은 수면은 삶의 질을 높인다고 말한다. 특히 아이들에게는 더 중요하다. 아이들은 태어나 만 3세까지 하루의 절반 이상을 잠을 자기 때문에 수면 버릇을 잘 잡아 놓으면 아이와 부모의 삶의 질 향상을 가져올 수 있다.

우리 어른들도 전날 밤에 제대로 잠을 자지 못하면 다음 날 컨디션에 큰 영향을 받는다. 신경이 예민해지고 무기력하고 하루 종일 멍한 상태가 유지된다. 아이들 또한 잠을 못 자면 결과적으로 두뇌 발달이 이루어지지 않고 짜증이 심해지며 스트레스가 쌓이게 된다.

큰아이와 작은아이 같은 경우에도 3~4세 시절에 낮잠을 잘 자고 일어나면 좋은 컨디션으로 오후에 더 잘 놀고 엄마와도 교감 활동을 잘 했다. 반면, 낮잠과 밤잠을 제대로 푹 자지 못한 경우에는 놀이 시간과 식사 시간이 모두 엉망이 되고 만다. 앞장에서도 말했듯이 아이의 수면 버릇만 잘 잡아 놓으면 육아의 반 이상은 성공했다고 보면 된다. 또래 친구들보다 출산이 조금 빨랐던지라, 친구들이 육아에 대해서 고민할 때면 나는 적극적으로 조언해 준다. 수면 버릇 하나만 잘 들여 놓으면 나머지 버릇들은 비교적 쉽게 잘 잡힐 것이라고 말이다.

학기 초에 유치원 수업을 하다 보면 어려움을 겪을 때가 종종 있다. 그중의 하나가 아이들의 '잠' 때문이다. 점심식사 후에 낮잠을 자고 일어난 4~5세 친구들을 수업했을 때다. 낮잠을 잘 잔 친구는 영어 노래로 워밍업을 하면서 즐거운 표정으로 수업에 참여하는 반면, 낮잠을 제대로 자지 못한 친구는 불편함 그 자체다. 수업에 집중을 못 할 뿐 아니라 졸려서 책상에 엎드려 있거나, 또는 감정이 너무 고조돼서 산만함의 극치를 보여주기도 한다. 그 모습을 뒤에서 지켜보고 있던 담임 선생님께서는 "○○가 아까 낮잠을 제대로 못 자서요."라고 설명을 덧붙여 준다. 아무래도 학기 초라 새로운 담임 선생님과 친구, 낯선 교실에서의 환경이 바뀌어 아이들도 낮잠 자는 것이 쉽지 않다.

잠이 무너져버리면 그 후의 일정은 그냥 꽝이다. 잠을 못 자서 피로 감을 느끼면 흥분 호르몬인 아드레날린이 과잉 분비된다. 이 때문에 잠이 부족한 날일수록 아이는 더 활발하게 노는 것처럼 보인다. 그러 다 너무 흥분한 나머지 바닥이나 벽에 갑자기 머리를 부딪치기도 한 다. 그렇지 않아도 피곤함이 몰려오는데 다치기까지 하니 울고불고 대략 총체적 난국이다. 그렇기 때문에 유치원 선생님들도 아이들이 낮잠을 잘 수 있도록 최적의 환경을 만들기에 최선을 다한다. 아이들 의 안전사고로까지 이어질 수도 있으니 말이다.

작은아이는 5세까지는 하루 한 번 낮잠을 규칙적으로 잤다. 어린이 집에 가기 전까지는 집에서 시간을 맞춰 재웠고, 기관에 다니고 나서 부터는 어린이집 낮잠 시간에 맞춰 잠을 잤다. 주말에도 우리는 아이 의 낮잠 시간을 똑같이 지키기 위해 노력했다. 심지어 주일에 예배드 리러 가서도 우리 부부는 작은아이를 유모차에 뉘어놓고 낮잠을 재웠 다. 아이가 1시간 정도 자주면 우리 부부도 온전히 예배를 드릴 수 있으니 얼마나 감사한지 모른다. 아이도 유모차에 뉘면 '아 이제 자야 하는 시간이구나.'라고 아는지 거부감없이 가만히 누워 있었다. 아이는 푹 자고 나면 전혀 짜증 내지 않고 기분 좋게 일어나 점심을 먹었다. 하지만 낮잠 재우기에 실패한 적도 간혹 있었다. 주변이 시끄럽다거나 추운 겨울에는 쉽게 잠이 들지 못했다. 그런 날은 마음속으로 어느 정도 각오를 한다. '오늘 오후는 좀 힘들어지겠구나.'라고 말이다. 역시나 아이는 점심도 제대로 안 먹고 사소한 일에도 짜증을 내고 컨디션 난조로 남은 오후를 보낸다. 아이의 계속되는 투정에 결국 엄마도 한계에 이르게 되고 아이에게 짜증이 돌아가는 악순환의 반복이다. 잠의 중요성을 알기에 우리는 아이의 수면시간을 지키기 위해 필사적으로 노력했다. 아이의 컨디션뿐만 아니라 엄마인 내가 편해지기 위해서라도 말이다.

유모차에서 잠든 모습 　　　　 낮잠을 재우기 위해 유모차 끌고 다니기

　육아를 하면서 아이의 잠만 중요한 것이 아니다. 양육자인 부모의 수면 또한 중요하다. 아이는 잠을 잘 자고 일어나서 컨디션이 좋은데 엄마가 전날 밤에 잠을 충분히 자지 못한 채 아침을 맞이한다면 어떨까? 아이의 일과에 맞춰 아침 식사부터 이후에 챙겨야 할 것이 많은데 비몽사몽 의욕이 전혀 없을 것이다. 아이는 충분한 수면으로 인해 활력이 넘치는데 그 보조를 못 맞춰준다면 어떻게 될까? 아이와 부모 모두에게 좋지 않다.

　엄마들이 제일 기다리는 시간이 언제일까? 바로 아이를 재우고 난 후의 '육퇴'(육아 퇴근) 시간이다. 하루 종일 아이를 챙기느라 나 혼자

만의 시간을 가져보지 못했기 때문에 꿀 같은 시간이다. 그 누구의 방해 없이 하고 싶은 것을 마음껏 할 수 있는 자유시간이다. 심지어 남편의 방해도 싫다. 친구와 카톡 대화도 하고, SNS를 보며 사진도 올리고, 인터넷 쇼핑도 하고 나면 어느새 시간이 훌쩍 흘러가 있다. 아참, 좋아하는 넷플릭스도 몰아서 봐야 하는데 시간이 너무 부족하다. 그래서 밤늦게까지 자유시간을 보내다 잠든 경험이 다들 있지 않은가? 종일 아이한테 치여서 피곤함이 몰려들다가도 아이가 잠든 후에는 신기하게 잠이 싹 달아나 버린다.

　나 또한 아이들이 어렸을 때 그 경험을 했기 때문에 너무 잘 안다. 그런데 그렇게 늦게 자고 나면 다음 날의 여파가 분명히 있다. 내일의 육아를 위해 엄마 또한 수면으로 충전되어야 하는데 그러지를 못했기 때문이다. 아이와 산책하거나 책을 읽어 주는 놀이 시간이 힘들어지고, 아이와 놀아줄 에너지가 없다. 그 와중에 아이가 작은 실수를 하거나 사고를 치면 그냥 좋게 타이르고 넘어갈 수 있는 일도 짜증을 내게 된다. 엄마가 피곤함이 극에 달해서 신경이 날카로워져 있기 때문이다. 아이와의 관계에도 분명 부정적인 영향을 미친다.

　내 친구 중 한 명은 아들 둘을 키우는 워킹맘이다. 그 친구는 지치는 모습이 없는 것 같아서 늘 신기했다. 회사에서 퇴근하고 돌아와 아이들 저녁을 챙겨 먹이고 숙제까지 봐주다 보면 10시가 훌쩍 넘는다고 얘기하는데 어째서 항상 활기차 보이지? 어느 날 친구한테 비결이 뭐냐고 물어봤더니, "잘 자서?(웃음) 나는 애들 잘 때 같이 누워서 그냥 잠들어. 핸드폰 보고 할 시간도 없이 그냥 쓰러져."라고 대답했다. 그 친구의 얘기를 들으니 비결은 '잠'이었다. 육퇴 후의 시간이 꿀처럼 달지만 조금만 즐긴 후에 잠자리에 들면 어떨까? 우리는 내일의 육아를 위해 장전을 준비해야 하니 말이다.

계속 강조해도 지나치지 않는 것이 보약과 같은 '잠'이다. 부모와 아이가 최고의 육아 팀워크를 만들기 위해 우리의 노력은 분명 필요하다. 아이의 좋은 수면 버릇을 만들어 주고 깊은 잠을 잘 수 있도록 도와줘야 한다. 올바른 수면 버릇이 가장 기본이다. 기본에 충실해야 이후에 좋은 것들이 자연스럽게 따라온다. 수면 버릇을 잘 들여놓으면 아이의 다른 버릇 또한 바르게 잡아줄 수 있다. 잠이 충족돼야 아이의 일상생활이 원만하게 잘 흘러갈 테니 말이다. 기억하자. 잠 앞에 장사 없다.

5

육아시간과 부부 시간의 밸런스

아이 친구 엄마들과 얘기를 나눌 때, 흔히 듣는 얘기가 남편과 각방을 사용한다는 것이다. 엄마가 아이(또는 아이들)와 같이 한방에서 자고, 남편은 다른 방에서 혼자 잔다는 것이다. 처음에는 그 말을 듣고, '왜 각방을 쓰지?'라는 의구심을 가졌다. 그런데 언제부턴가 주변에서 그런 얘기를 많이 듣다 보니 으레 당연하게 느껴졌다.

반대로 생후 100일 때쯤부터 아이를 방에서 혼자 재우고 남편과 둘이서만 안방을 쓰는 나를 오히려 친구들이 신기해하고 놀라워했다.

"그게 가능해? 어떻게 그렇게 해? 언제부터 혼자 재웠는데?"라는 질문이 공통적인 반응이었다. 나의 대답은 "응. 가능해!"였다. 부부가 마음먹고 노력하면 분명 가능하다.

최근 각방 쓰는 부부가 늘고 있다는 신문 기사 내용이 기억난다. 어느 가족 상담 사례 이야기이다.

결혼한 지 8년 차, 4세 아이를 키우고 있는 부부이다. 이들은 아이를 낳고 나서 모든 생활이 달라졌다. 엄마의 생활은 온전히 아이 위주였다. 그녀는 안방에서 아이와 잠을 자고, 남편은 서재에서 잠을 자며 각방을 쓴다고 했다. 이제는 오히려 편하다고 느낀다고 한다. 하지만 예전만큼의 애틋함은 없고 그냥저냥 사는 것 같아 불안하기도 하다는 이야기였다.

영아기 시절(0~2세)에는 아이가 밤사이 울어서 달래줘야 하거나 기저귀를 갈고 분유를 먹여야 하는데 부부가 한 방에 자게 되면 둘 다 제대로 잘 수가 없다. 그래서 우리도 큰아이가 신생아일 때, 다음 날 아침 일찍 출근해야 하는 남편을 다른 방에서 자게 했다.

3세 전후로 수면 버릇이 잘 잡혀서 아이가 혼자 방에서 자기 시작한다면 다시 한방을 쓰는 것이 좋다. 혼자 자는 습관이 길러지지 않아 어려움이 있다면 아이 방에서 아이가 잠들 때까지 기다린 뒤, 잠이 들면 부부가 함께 침실에서 자는 것도 하나의 방법이다. 육아로 부부가 잠을 따로 자기 시작하면 점점 관계가 멀어지고 소홀해지기 쉽다. 익숙하고 편한 게 늘 좋은 것만은 아니다. 조금 불편하더라도 부부관계를 위한 노력이 필요하다. 아이에게는 온 정성을 들이는데 그중에 몇 할이라도 남편을 위해 써야 하지 않을까?

미국 거주 시절, 어린아이를 키우는 미국 젊은 부부들을 보면서 다른 느낌을 받았다. 아이를 데리고 외출하는 그들의 모습에는 훈훈함이 있고 애정 표현도 스스럼없다. 물론 문화적인 차이도 분명 있겠지만, 다른 뭔가가 있어 보였다.

큰아이를 파트타임으로 봐주는 히스패닉계 nanny(내니, 보육 도우미)가 있었는데, 두 아들의 엄마이기도 했다. 백인 남편과 결혼 20년 차가 넘었지만, 그들 부부는 저녁 데이트를 자주 즐기고, 기념일을 꼬박꼬박 잘 챙기는 훈훈한 부부였다. 타지 생활에 지쳐 있는 우리 부부에게 그 친구는 매년 결혼기념일이 되면 자기가 아이를 봐줄 테니 남편이랑 저녁 식사를 하고 오라며 제안했다. 적극적으로 도와준 그 친구 덕분에 우리 부부는 1년에 몇 번이라도 부부 타임을 가질 수 있었다. 아이와의 시간도 중요하지만, 남편과의 시간 또한 절대 놓치면 안 된다고 조언해 준 결혼 선배인 nanny에게 아직도 고마운 마음이다.

몇 달에 한 번이라도 양가 어른들께 잠깐 아이를 부탁하고, 같이 손잡고 외출해 맛있는 것도 먹고 바깥 공기도 쐬어보자. 둘만 있는 것이 처음에는 조금 낯설게 느껴질 수도 있지만, 부부의 시간이 점점 자연스러워질 것이다.

서로 눈 마주쳐가며 그동안 차마 나누지 못했던 깊은 대화도 하고, 불만 사항이 있다면 속 시원하게 얘기하면서 부부만의 힐링 타임을 가져보자. 남편들은 아내가 집에서 육아하면서 어떤 스트레스와 고충이 있는지 정확히 알지 못한다. 어떤 부분에 있어서 협조와 도움이 필요한지를 얘기해주면 어떨까? 서로의 입장을 더 이해하고 아이 양육에 대해서도 생각을 나누는 시간이 될 것이다.

육아는 장기전이다. 1~2년만 하다 끝나는 것이 아니라 어쩌면 아이들이 성인이 되기 전까지 현재진행형이다. 연령에 따라 다른 모양의 육아를 하는 것이다. 아이가 초등학교에 진학하고 고학년으로 올라갈수록 몸은 편해지지만, 또 다른 양육의 어려움이 찾아온다. 그래서 어르신들이 자식 키우는 것은 쉬울 때가 하나 없고 그 시기 마다의 어려움이 있다고 하나 보다. 엄마 혼자서 육아를 한다면 어떻게 될까? 아마 금방 지쳐서 에너지가 다 고갈될 것이다.

아이에게 부모(父母)를 준 이유가 분명 있다. 엄마와 아빠가 해줄 수 있는 각기 다른 영역이 있기 때문이다. 부부는 힘을 합하여 장기전을 지혜롭게 헤쳐나가야 한다. 그렇기 때문에 엄마와 아이의 팀워크 이상으로 부부의 팀워크도 중요하다. 아이들 또한 행복한 부모의 모습을 보며 정서적으로 안정을 느낄 수 있기 때문이다. 잊지 말자. 아이와의 시간만큼 부부간의 시간에도 지분을 투자해 보자.

1. 공기청정기

일정한 형태의 주파수가 합쳐진 것을 백색소음이라 한다. 신체에 지속적으로 스트레스와 불안감을 유발하는 소음이 아닌 일상생활을 하면서 접하게 되는 소리 유형을 말한다. 진공청소기에서 나는 소리, 선풍기 소리, 주전자에 물 끓는 소리, 공기청정기가 작동되는 소리 등 저주파 기계음 및 여러 생활 소음이 해당된다.

우리 집의 경우, 아이 방에서 쓰던 공기청정기가 백색소음 역할을 해 주었다. 앞에서도 언급했지만 수면 의식 중 하나로 인식되면서 아이의 수면 버릇에도 큰 역할을 했다. 공기를 정화해 주면서 아이의 잠을 방해할 수 있는 주변의 소음을 적절히 감쇄시켜 주는 효과도 있으니 일석이조다.

2. 스탠드(조명등)

자기 방에서 혼자 자게 하는 수면 교육을 했을 때, 아이로서는 혼자 방에 남겨지는 것이 무서울 수 있다. 이때 약한 불빛이 은은하게 비치면 아이도 안정감을 느낀다. 스탠드 조명이 밝아서 조금 부담스럽다면 스탠드 위에 얇은 담요를 덮어주는 것도 좋은 방법이다.

3. 암막 커튼

자는 환경이 중요하다고 말했듯이 온도, 습도만큼 중요한 것이 방을 어둡게 해주는 것이다. 특히 낮잠을 자는 시기에는 더더욱 중요하다. 창밖에서 들어오는 빛이 아이가 잠드는 것을 방해하기 때문이다. 낮잠 또는 밤잠을 잘 시간이 되어서 엄마가 커튼을 치는 행동은 또 하나의 수면 의식이 될 수 있다. 방 밝기가 어두워지면 아이도 '아, 이제 잘 시간이구나.' 라고 인식할 수 있다.

3장

⋮

식사 버릇:
식탁에서의 전쟁은 이제 그만

밥 먹는 게 벼슬인 줄 아는 아이

2020년 초, 대한민국뿐만 아니라 전 세계적으로 기억하고 싶지 않은 팬데믹이 왔다. 바로 COVID-19이다. 2월부터 시작된 COVID-19로 인해 몇 달간 전국의 학교와 유치원이 휴교하고, 언제 종식될지 모르는 상황 속에 전 국민이 힘든 시기를 보냈다.

등교하지 않는 아이들로 인해 엄마들과 조부모들의 고충과 스트레스가 한계치에 도달했다는 기사를 봤다. 나 또한 마음이 착잡하면서 하루빨리 정상적인 일상생활을 하는 날이 오기만을 기다렸다.

엄마들은 매일매일 하루 세끼 아이들의 식사와 간식을 챙겨주며 '돌밥돌밥(돌아서면 밥) 생활'이라는 신조어가 생기기도 했다. 동네에서 엄마들을 만나면 아이들 밥 차리는 것 때문에 하루하루가 전쟁이라며 하소연을 하곤 했다. 그만큼 육아에 있어 가장 큰 부담 중의 하나가 아이들의 '밥', 식사 문제이다.

잠 안 자는 아이만큼, 밥 안 먹는 아이는 엄마의 육아 스트레스를 몇 배로 가중시킨다. 육아가 헬(Hell; 지옥)로 느껴질 만큼, 하루 삼시 세 끼 먹일 때마다 전쟁이다. 이유식을 잘 먹던 아이가 유아식으로 넘어가면서 잘 안 먹기도 하고, 또는 일반식으로 넘어가면서 이유 없이 잘 안 먹기도 한다. 우리 큰아이의 경우는 유아식도, 일반식도 잘 먹지 않는 아이라 어려움이 많았다.

우리 가족은 미국에 살다가 큰아이가 5세가 되던 해에 한국에 귀국했다. 몇 년 동안 만나지 못한 친지들과 친구들을 만나는 자리가 많아지면서 또래 아이를 키우는 가정과 플레이데이트를 할 기회가 종종 있었다. 그러던 중 한 모임에서 나를 놀라게 한 사건이 있었다. 4~6세 아이의 밥을 엄마가 돌아다니면서 먹여주고 있는 모습이었다. 아이가 돌아다니면서 놀고 있으면 엄마가 아이가 있는 곳으로 가서 "아~" 하면서 밥을 입에 넣어 주었다. 그리고 아이는 입에 음식을 넣은 채 뛰어다니며 놀았다. 미국에서는 못 봤던 모습을 한국에 와서 보고는 남편과 나는 충격을 받았다. 본인의 밥을 혼자서 먹어야 하는 나이인데 엄마가 졸졸 따라다니며 상전 모시듯이 먹여주고 있으니 말이다. 아이는 그러한 패턴에 너무 익숙해져 있는지 입을 떡 벌리고 아무런 거리낌 없이 당당히 받아먹고 있었다.

하루는 친구와 함께 백화점 식당가에서 식사를 하고 있었다. 바로 옆 테이블의 모습이 기억난다. 엄마와 5세 정도 돼 보이는 아이가 함께 식사하러 온 모양이다. 엄마는 아이에게 밥을 먹이기 위해 애를 쓰고 있었다. "이거 잘 먹으면 엄마가 이따 장난감 사줄게. 얼른 먹고 장난감 보러 가자."라고 엄마가 말했다. 아이가 입을 크게 벌리자 "아이고 잘했어요." 하며 폭풍 칭찬을 쏟아냈다. 미국에서는 상상조차 할 수 없는 장면이다. 혼자서 밥을 먹을 수 있는 나이의 아이가 스스로 먹지 않고 엄마가 먹여주는 데다가 먹는 조건으로 보상을 받기까지 하니 말이다. 아마도 그 엄마는 식사 이외에 다른 것들도 아이 위주로 맞춰주고 있을 것이다.

식사 버릇을 철저히 지키지 못하는 아이가 다른 버릇이 좋을 리가 없다. 식사 습관과 수면 습관은 기본 중에 기본이다. 앞에서도 강조한 것처럼, 식사와 수면 버릇이 잘 갖춰진 아이들은 다른 습관들도 자연스레 잘 따라오게 되어 있다.

스스로 밥을 먹지 않고 엄마가 먹여주거나 먹는 조건으로 어떤 보상을 해준다면 아이의 마음속 생각은 어떨까?

배가 고프면 식사하는 것이 당연한 행동인데 본인이 밥 먹는 것을 어떤 수단으로 생각하게 된다. 엄마 머리 위에 아이가 있는 것이다. 아이들은 영악하고 본능적이기 때문에 자기가 원하는 것을 얻기 위해 밥을 먹기도 한다. 한 마디로 엄마와 거래(deal)를 하는 것이다. 정말 기가 찰 노릇이다.

물론 엄마가 오죽하면 저렇게까지 할까 싶다. 우리 큰아이도 워낙 입이 짧고 타고난 식욕이 없는 아이였는지라 어느 정도는 이해가 간다. 키 성장에 민감한 요즘 엄마들은 그 마음이 더 크다. 엄마가 따라다니면서 한 숟가락 줬는데 잘 먹는다 싶으면 두 숟갈 세 숟갈 먹이게 될 수 있다. 아이가 처음부터 알아서 잘 먹으면 어느 엄마가 따라다니면서 먹이고, 먹는 조건으로 장난감을 사주고 하겠는가? 아이가 타고난 식성이 없어서 어쩔 수 없이 그렇게라도 하는 것이지 싶다.

하지만 아이의 식사 버릇을 위해서는 단호해져야 한다. 단순히 아이가 밥 몇 숟갈 먹고 안 먹고가 중요한 것이 아니라, 엄마가 그 몇 숟갈을 먹이기 위해 아이의 비위를 맞추고 있다는 것이다. 그런 식의 방법은 아이가 배워야 할 좋은 버릇들을 망치게 하는 원인이 된다.

아이는 연령이 올라가면서 익혀야 하는 습관이나 기본소양이 있다.

그 습관(버릇)을 알려주는 사람은 다름 아닌 부모이다. 가정 내에서 부모의 권위가 바로 서 있어야 모든 훈육과 교육이 이루어질 수 있다.

그런데 아이가 밥을 잘 안 먹는다는 이유로, 아이의 밥을 먹여주거나 밥을 먹이기 위해 사정을 한다면 어떻게 되겠는가? 누가 봐도 아이가 상전이고, 부모는 아이의 기분을 맞춰주고 있는 모양새이다. 가정 내에서 부모의 위치가 제대로 확립되지 못한 것이다. 부모의 권위 아래 인내심을 가지고 아이의 바른 성장을 기다려주는 것과 아이의 비위를 맞춰주는 것은 확연히 다르다. 아이의 좋은 버릇을 위해 가정에서의 부모와 자식의 위치는 바로잡혀 있어야 한다. 아이는 상전이 아니고, 밥 먹는 게 벼슬은 아니다.

우리 집 아이들은 이유식을 먹던 시기부터 무조건 정해진 자리에 앉아서 먹었다. 범보의자로 시작해 연령이 올라갈수록 부스터 의자, 하이체어로 바뀌었지만 원칙은 변하지 않았다. 바로 정해진 자리에서만 식사를 하는 것이다. 돌아다니면서 먹는 것은 절대 허용하지 않았다. 또한, 4세부터는 젓가락과 숟가락을 이용해 스스로 먹게 하였다. 왼손잡이인 두 아이가 스스로 식사하도록 외출 시에도 왼손잡이용 젓가락을 잊지 않고 꼭 챙겨갔을 정도이다.

하이체어에 앉아서 스스로 밥 먹는 작은아이

혼자 먹을 수 있는 나이가 되면 죽이 되든 밥이 되든 스스로 먹게 해
야 한다. 아무리 식성이 없는 아이라 할지라도 일정 시간이 지나면 배
고픔을 느낀다. 그리고 간식 및 식사텀 조절이 되면 어느 정도는 먹게
되어 있다. 당장 아이의 입에 들어가는 밥에 너무 연연해 하지 말자.
아이의 식사 버릇을 제대로 만들어 주기 위해 힘쓰는 것이 우선이다.

영상을 허락하는 그 순간 헬, 지옥

우리 큰아이의 경우, 입이 짧아 애를 먹었다. 유아식도 잘 먹지 않고 일반식도 잘 먹지 않는 아이라 어려움이 많았다. 미국 거주 시절, 한인 마트에 가서 식재료를 사다 정성스럽게 음식을 만들어 줬는데 아이는 잘 먹지도 않고 매번 실패였다. 뻑뻑한가 싶어 국에다 밥을 말아줘도 안 먹고, 잘게 다져줘도 잘 먹지 않았다. 밥을 먹는 데 기본 1시간은 걸렸다.

점심은 유치원(Preschool)에서 먹고 와서 그나마 신경을 덜 썼다. (아마 제대로 먹지 않았을 것이다.) 문제는 저녁 식사였다. 저녁 식사 시간이 다가오면 오늘은 또 어떻게 식사 전쟁을 치르지 싶어 두려웠다.

그 시기에 시어머니께서 육아지원군으로 미국에 오셨는데 바로 그

때 시행착오를 경험했다. 어머님께서는 아이가 너무 안 먹다 보니 긴급 처방으로 식탁 위에 있던 랩탑(laptop)을 켜고 네이버 동요를 틀어주었다. 그러자 아이가 넋을 놓고 보면서 입을 쩍쩍 벌리고 잘 먹었다. 일단은 아이가 잘 먹고 편한 방법이라, 그 후로는 아무 생각 없이 노래를 틀어주며 밥을 먹였다.

그런데 어느 순간 아이가 자기 마음에 들지 않는 음악이 나오거나 하면 떼를 쓰고 징징거리기 시작했다. 한 손으로는 숟가락으로 밥 먹는 것을 도와주고 다른 한 손으로는 마우스 클릭을 하고 있자니 어느새 정신이 안드로메다! 식사 시간마다 곤욕을 치렀다.

어머님의 3개월 체류 기간이 끝나 한국으로 귀국하신 후, 이제 오롯이 내가 아이의 식사를 책임져야 했다. 막막함 그 자체였다. 남편이 먼저 PC로 동요 영상 보여주는 것을 서서히 끊어보는 것이 어떻겠냐며 제안했다. 선뜻 시도하기에는 뭔가 부담스럽고 그냥 자신이 없어서 미루고 미루어 왔었다. 근데 남편의 말을 듣고 '그래! 어머님도 가셨으니 한번 해 보자!'라는 생각이 들었다. 한번은 넘어야 할 산이니 말이다.

식사 때마다 신나는 음악과 영상을 보며 먹었던 아이가 고요한 가운데 아무런 시각적, 청각적 자극 없이 밥을 먹으려니 될 리가 없었다.

입도 잘 벌리지 않고 잘 씹지도 않았다. 그냥 다시 영상을 틀어줄까 싶은 유혹이 밀려왔다. 하지만 포기하지 않고 다른 방법을 시도해 보았다. 영상 대신 좋아하는 작은 장난감을 스스로 고르게 하고 식판 옆에 놓게 해 주었다. 또는 좋아하는 책을 옆에 두기도 했다.

책을 옆에 두고 식사하는 큰아이

식사 중간중간 만지기도 하면서 다행히 그럭저럭 먹기 시작하였다.

엄마가 옆에서 먹는 것을 도와주는 시기가 지나고 혼자 포크랑 숟가락을 사용해서 먹기 시작하면서는 장난감을 만지는 것을 허용하지 않았다. 옆에 두는 것은 괜찮지만, 식사 시간 중에 장난감을 만지거나 노는 것은 금했다. 밥 먹을 때는 집중해서 밥을 먹고, 식사 후에 마음껏 장난감 놀이 시간을 갖자고 설명해 주었다. 다행히 아이는 큰 거부 반응을 보이지 않고 따라와 주었다.

우리 아이들은 영상 없이 밥을 먹는 것에 성공했지만, 대부분은 그렇지 못하다. 당장 주위를 둘러봐도 아이들 밥 먹기와 영상을 떼려야 뗄 수 없는 장면이 되어 버린 것을 흔하게 볼 수 있다.

식당에서 흔하게 볼 수 있는 모습 중의 하나가, 아이가 스마트폰 동영상을 넣을 놓고 보고 있는 것이다. 거치대까지 챙겨와서 보여주는가 하면 컵 앞에 핸드폰을 세워 두고 보여주기도 한다.

부모들은 잠시나마 편하게 식사하기 위해 스마트폰을 보여준다. 가장 편하고 쉬운 방법이기 때문이다. 영상을 보면서 밥을 먹기도 하고, 부모가 식사를 끝날 때까지 스마트폰을 쳐다보며 기다리기도 한다. 이런 모습을 볼 때마다 마음이 불편하다.

일단 어린 나이부터 스마트폰에 노출되는 것이 좋을 리가 없다. 영상을 넣을 놓고 보면서 밥이 입으로 들어가는지 코로 들어가는지도 모른 채 음식을 제대로 씹지도 음미하지도 않는 모습 또한 안타깝다. 그러다가 영상이 멈추거나 부모가 그만 보자고 하면 떼를 쓰며 징징거리고 난리가 난다.

식당에서 영상을 보며 음식을 기다리는 모습

어른들의 식사를 위해 아이에게 스마트폰을 쥐여주는 순간 이미 게임은 끝났다. 부모들은 집에서 식사할 때보다 밖에서 식사할 때 영상을 틀어준 경험이 더 많을 것이다. 아무래도 식당에서는 다른 사람도 신경 써야 하고 아이가 시끄럽게 하거나 투정을 부리면 눈치를 보게 되니깐 말이다. 부모도 모처럼 외식하러 나왔는데 아이 때문에 제대로 식사를 못 하면 억울한 마음이 들기도 한다. 안 좋다는 것을 알면서도 어느새 아이에게 보여줄 유튜브 영상을 찾는다. 영상을 보면서 밥을 먹는 아이의 표정과 눈빛을 보면 영혼 없이 화면에 빠져서 입만 벌리고 먹고 있다. 어떤 음식을 먹고 있는지, 그리고 무슨 맛인지 제대로 느끼지 못한 채 입에 넣고 씹고 삼키고의 반복이다. 부모와의 소통은 당연히 없다. 엄마와 아빠가 질문해도 듣지도 못하고 대답도 없다.

아이들이 식사할 때는 밥에 집중하게 해 주어야 한다. 밥을 먹으면서 "엄마 이거 맛있어요.", "이거는 뭐예요?", "좀 맛이 없어요." 등의 표현을 하는 것이 정상이다. 우리 어른들이 식사할 때의 모습처럼 말이다. 같이 식사하는 사람과 음식을 먹어보고 맛있으면 그걸 표현하고 행복해 한다. 식사 시간은 하나의 소통의 장(場)이다. 그런데 영상을 보여주는 순간 부모와 아이 사이의 소통은 사라진다.

부모가 편해지자고, 혹은 아이가 밥을 잘 안 먹는다는 이유로 식사 중 영상에 아이를 노출시키는 것은 전혀 아이를 위한 것이 아니다. 외식할 때 영상을 보던 아이는 집에서도 식사 시간에 영상을 틀어줘야 한다. 그렇게 버릇을 들였기 때문이다.

부모가 처음에 가볍게 시작했던 행동이 걷잡을 수 없이 커질 수 있다. 작은 버릇이 나중에는 아이의 여러 가지 습관에 부정적인 영향을 미칠 수 있다는 뜻이다. 잘못된 버릇을 다시 바로잡기 위해서는 더 큰 노력과 시간이 필요하다. 어떻게 하는 것이 좋은 방향일까?

더 늦기 전에 지금부터라도 영상을 보며 식사하는 버릇을 바로잡아 줘야 한다. 빠르면 빠를수록 좋다. 아이의 저항이 있더라도 어쩔 수 없다. 우리 가정도 그랬던 것처럼 한 번은 넘어야 할 산이기 때문이다. 그것이 아이들의 식사 습관을 바로 잡아주는 길이다.

3

외식할 때, 비상총알을 챙겨라

최근 유치원 아이들, 초등학생부터 성인까지 우리의 일상에 유튜브 (Youtube)는 너무 친숙한 매체가 돼 버렸다. 어린 나이부터 쉽게 유튜브에 노출되고 중독되는 경우도 적지 않다. 유튜브는 다양한 콘텐츠를 흥미롭게 아이들을 집중시키기에 최적의 채널이 아닐까 싶다. 식당에서 아이가 징징거리고 시끄럽게 할 때 잠재우기 위한 수단으로도 쓰인다. 또한 집에서 아이가 심심해 하거나 놀아달라고 하는데 엄마가 여건이 안 될 때도 요긴하게 사용된다. 하지만 교육적으로 필요한 영상을 보여주기도 하면서 학습의 목적으로도 쓰이고 있다.

영상 노출은 양날의 검과 같다. 영상 중독의 위험성도 있지만, 학습적으로 분명 도움을 받을 수 있는 것도 맞다. 아이들에게 유용한 콘텐츠를 제한적으로 보여주는 것은 큰 문제가 되지 않는다. 하지만 시도 때도 없이 식당이나 공공장소에서 아이들의 소란을 잠재우기 위해 무분별하게 동영상을 보여주는 것은 버릇육아에 큰 방해 요인이 된다.

미국 거주 시절, 우리 부부도 음식점에서 유튜브 동영상을 틀어 주느라 데이터를 소진한 적이 한두 번이 아니다. 데이터가 매번 부족한 남편은 큰아이가 유독 좋아하는 유튜브 영상을 미리 동영상으로 찍어 놓고 외식할 때 보여주기까지 했다. 정말 안 해본 것이 없을 정도다. 외출시, 우리 부부의 편의를 위해 유튜브는 없어서는 안 될 존재였다. 그러던 중, 남편도 나도 우리가 언제까지 이렇게 영상에 의존해야 하는지 진지하게 고민했다.

반복되는 이 행동양식을 끊어버려야겠다는 생각이 들었다. 그리고 스마트폰 대신에 외출 시 가방 안에 색칠할 수 있는 노트와 색연필, 그리고 좋아하는 작은 장난감 몇 개를 챙겨서 다녀봤다. 새로운 시도를 해 본 것이다.

아이는 음식 주문을 하고 기다리는 동안 노트에 그림도 그리고 색칠하면서 시간을 잘 버텨주었다. 식사가 끝날 때까지 소리 없이 제법 잘 기다려준 덕분에 우리 부부는 식사를 잘 마칠 수 있었다.

식당에서 그림 그리며 엄마 아빠의 식사시간을 기다려주는 큰아이, 작은아이

　우리 부부도 미국의 많은 가정에서 하는 것을 보고 벤치마킹했다. 공공장소에서의 예의범절을 중요시하는 미국 사회는, 식당 안에서 주변 테이블에 피해를 주는 행동은 큰 실례를 범하는 것이다. 동영상 소리가 들린다던지 또는 아이들이 소란을 피우거나 식당 내에서 뛰어다니는 모습은 좀처럼 보기 어렵다.

　동양인에 대한 인종차별이 존재하는 나라에서 '우리 아이를 제대로 통제하지 못하는 모습을 보이면 우리나라(한국) 사람을 과연 어떻게 볼까?'라는 생각에 더 엄격하게 식당 매너를 지키려 노력했다. 미국에서 생활하면서 인상적이었던 것 중의 하나는, 대부분 음식점에는 아이를 위한 coloring kit(색칠 키트)가 준비되어 있다는 것이다. 인앤아웃(In-N-Out)같은 햄버거 가게부터 고급 레스토랑 할 것 없이 아이와 동반한 테이블에는 kids-kit(어린이용 키트)가 제공된다. 대부분은 색칠 놀이를 할 수 있는 그림 종이와 크레용 세트다. 또한, 아이들의 안전을 생각해 유리잔 대신에 플라스틱 컵에 빨대를 끼워 물을 제공한다. 아이를 위한 미국 사회 전체적인 배려와 kids friendly(아이 친화적)한 분위기가 아이들의 버릇에 기여하는 것이 분명하다.

반면, 한국은 아쉽게도 그런 분위기는 아니다. 부모가 외식할 때 영상 대신 다른 놀잇거리를 스스로 마련해야 제대로 된 밥상머리 교육이 될 것이다.

아이용 물컵과 컬러링 키트

인앤아웃(In-N-Out) 키즈 키트

지인의 아이인 5세 남자아이인 승우가 있다. 어린 시절부터 유튜브 애청자이다. 엄마는 어린아이를 울리기가 안쓰럽고, 아이가 원하는 대로 해 주는 편이라 집에서나 또는 밖에서 식사할 때면 늘 식탁 위에 유튜브 영상을 틀어준다. 우리 가족이랑 식사를 자주 하는 편이라 그 모습을 지켜보고 있자니 마음이 불편했다. 굳이 보여주지 않아도 밥을 잘 먹을 텐데 왜 굳이 보여줄까 싶었다. 시간이 지나면 안보겠지 싶은 마음에, 그리고 남의 집 육아 방식에 조언하기도 조심스러워 가만히 지켜만 보았다. 그런지 2년이 지났는데도 여전히 승우는 식사할 때면 유튜브가 자동으로 켜져 있다. 엄마와 아빠도 지금까지 그래왔기 때문에 별생각 없이 식사 시작과 함께 영상 골라주기에 바빴다.

그러던 중, 두 가족이 함께 2박 3일 여행을 가게 되었다. 식당에서 우리 집 아이들은 늘 그래왔듯이 챙겨온 노트와 색연필을 꺼내며 그림을 그리고 글을 끄적이면서 조용히 기다리고 있었다. 이참에 매번 유튜브로 시간을 보내는 승우에게 종이와 색연필을 쥐여주면서 "누나랑 형처럼 그림 한번 그려보면 어떨까?" 하고 물어보니 영상을 찾지 않고 그 시간을 잘 보내는 것이 아닌가? 옆에서 지켜보던 승우 엄마, 아빠도 아이의 모습에 깜짝 놀라면서 신기하게 지켜보았다.

식당에서 종이에 그림을 그리며 기다리는 승우

밥상머리에서 스마트폰 대신 그림책 또는 아이가 지루함 없이 기다릴 수 있는 재료(놀이)를 준비해 보자. 어떤 재료가 좋을지는 엄마가 누구보다 잘 알 것이고, 마법은 일어날 것이다.

식당뿐만 아니라 엄마와 아빠를 따라 쇼핑을 가게 될 때도 아이가 잘 기다릴 수 있게 비상 총알을 준비해 보자. 지루함 없이 얌전히 잘 기다려 줄 것이다.

큰아이와 작은아이는 어디를 가든 노트와 색연필을 늘 가지고 다닌다. 기다리는 시간이 생기면 노트를 펴서 그림을 그리고 글도 쓰면서 기다린다. 아이들은 엄마에게 자신이 그린 그림을 설명해 주기도 한다.

미국의 한 연구소는 '독서 영재'들을 집중적으로 연구 조사했다. 모든 아이의 가정에서 몇 가지 공통점을 발견했다고 한다. 그중 하나가, 종이와 연필이 항상 아이 주변에 있다는 것이다. 많은 연구자는 아이의 글에 대한 호기심이 거의 예외 없이 종이에 끼적거리고 그리는 것에서부터 시작된다고 한다. 외출 시 부모의 작은 관심과 노력이 아이의 학업능력에도 분명 영향을 미칠 수 있다. 우리 부부도 그 마법을 실제로 경험했기 때문에 자신 있게 얘기할 수 있다.

외출 시 준비해 온 놀이 거리로 얌전히 기다려주는 아이들

쇼핑몰에서 그림 그리며 기다리는 아이들

아이의 습관을 잡아주기 위해서는 부모도 머리를 쓰고 이런저런 방법을 은근슬쩍 시도해 보는 여유가 되어야 한다. 처음부터 '우리 아이는 안 될 거야. 유튜브는 못 끊을 거야.'라고 생각하고 있지 않은가? 더 좋은 방법이 있음에도 불구하고 제대로 시도해 보지 못한 채 아이의 습관을 점점 나쁘게 들이고 있는 것이 아닌가?

아이가 못해서가 아니라 부모의 편의를 위해서 '버릇육아'를 미루고 있는 것은 아닌지 생각해 보자. 외출 시, 어떤 비상총알을 전략적으로 챙겨가느냐에 따라 우리 아이의 식사 버릇은 달라질 것이다.

간식이냐 주식이냐 그것이 문제로다

영유아기 때부터 아이들도 아침, 점심, 저녁 이렇게 하루 세끼의 식사를 한다. 하루 세끼를 주식으로 먹고, 식사 중간에 간식을 먹는다. 주식은 일정한 간격을 두고 끼니마다 영양소를 보충해 주는 주된 음식이다. 그리고 간식은 주식에서 부족한 부분을 보완해 주기 위해 식사 사이에 먹는 음식이다. 그렇기 때문에 간식은 식사의 간격이 길고 활동량이 많은 경우에 필요하다. 식사와 식사의 간격이 짧거나 활동량이 적으면 간식을 굳이 주지 않아도 된다. 간식 때문에 오히려 주식을 먹지 않는 아이들도 있기 때문이다.

우리 아이들의 경우, 유아식을 지나 일반식을 하면서 뚜렷한 패턴을 보였다. 점심과 저녁 식사 중간에 간식을 많이 먹는 날은 어김없이 저녁 식사를 제대로 하지 않았다. 그럴 때마다 '주식을 잘 먹기 위해 간식을 주지 말 것인가? 아니면 뭐라도 먹으면 되니깐 그냥 상황에 따라 간식을 먹일 것인가?'라는 고민을 했다.

좋은 식성을 타고나서 주식과 간식 모두 잘 먹으면 금상첨화지만, 입이 짧은 아이의 경우는 엄마가 적절히 조절해 줘야 한다. 간식은 대체로 먹기 쉽고 주식보다 맛있게 느껴지기 때문이다. 그러다 보면 아이들은 잘못된 식습관이 만들어지기도 한다. 어릴 때부터 식습관은 평생 습관으로 이어질 수 있으니 부모가 특별히 더 신경 써야 한다.

큰아이는 식탐이 없고 잘 먹지 않는 편에 속한다. 그 때문에 간식을 최소화하고 주식을 제대로, 그리고 정성껏 먹였다. 작은아이는 유독 군것질거리에 대한 식탐이 많은 편이라 그것을 조절하기 위해 지금까지도 신경을 많이 쓰고 있다. 특히 식사 전에 젤리나 과자, 아이스크림, 빵은 금물이다. 당도가 높은 간식을 먹게 되면 그다음 식사는 안 봐도 뻔하다. 먹이는 엄마도 고생이고, 그 고생을 굳이 자초하고 싶지 않다.

어른도 식사 전에 과자나 달달한 간식을 먹고 나면 공복감이 사라지면서 입맛(appetite)을 잃는다. 그래서 식사량이 줄거나 식사 시간이 뒤로 밀리기도 한다. 반면 방울토마토나 야채스틱과 같은 건강한 간식을 먹었을 때는 살짝 허기를 달래줄 뿐, 다음 식사에 크게 지장을 주지 않는다. 식사와 식사 사이에 간식을 아예 주지 말라는 것이 아니라, 간식을 주더라도 아이의 식성과 건강을 고려한 맞춤 간식을 주자는 것이다.

아이들이 간식으로 즐겨 먹는 젤리(gummy)의 경우를 예로 들어보자. 일반적으로 젤리의 당 함유량은 약 20g 정도로 세계보건기구의 하루 당 권장량인 15~16g을 훌쩍 넘는 수준이다. 설탕(당)을 너무 많이 섭취하게 될 경우, 설탕을 소화하고 배출시키기 위해 비타민과 같은 영양성분이 다량 소모된다. 이 과정에서 몸속의 혈당이 급격하게 변화하게 되는데, 아이의 몸은 급격히 변하는 혈당을 조절하기 위해 신경전달물질 세로토닌을 과다 분비한다. 미국의 캘리포니아 대학교 연구팀에 의하면, 과다한 당 섭취는 아이의 수면을 방해해 쉽게 화내고 공격적인 행동을 보일 수 있다고 한다. 이런 이유로, 나는 저녁 시간에 초콜릿 같은 당이 높은 간식을 절대 주지 않는다. 초콜릿을 줬을 때 아이가 흥분하고 들떠서 자야 하는 시간에 제대로 잠들지 못하는 것을 직접 경험해 보았기 때문에 더 철저하게 원칙을 지킨다. 실제로 초콜릿은 설탕이 많을 뿐 아니라 카페인 함량이 높아 잠을 방해하므로 밤에는 특히 주의해야 한다.

큰아이가 9개월 때부터 미국에서 육아를 했다. 그때부터 간식의 양과 종류를 가리면서 주었다. 입이 워낙에 짧은 아이라서 간식을 많이 먹으면 그다음 식사에 영향을 미쳐 잘 먹지 않았기 때문이다. 또한 좋지 않은 음식을 스스로 어느 정도 조절하고 제어할 수 있는 능력을 어릴 때부터 훈련하고 싶었다. 대신 과일이나 떡 같은 몸에 좋은 간식으로 대체했다. 인공적인 달달한 맛에 어릴 때부터 길들여지면 건강한 맛에 대해 탐색할 틈도 없이 자연 상태에 가까운 형태의 간식은 맛이 없다고 느낀다.

아이와 함께 외출할 때면 비상시를 대비해 가방에 항상 간식을 넣고 다녔다. 보통 과일, 견과류, 당도가 낮은 간식 또는 과일주스였다.

세차 중 어린이 간식을 먹으며 기다리는 큰아이

아이들이 최고 애정하는 젤리나 사탕을 간식으로 주면서 "어차피 시간 지나면 다 먹게 될 텐데 그냥 먹여요."라고 말하는 부모도 있다. 틀린 얘기는 아니지만, 어차피 먹을 건데 뭐 하러 굳이 어릴 때부터 아이 입맛을 건강하지 못하게 길들이냐고 되묻고 싶다. 좋지 않은 것은 최대한 뒤로 미루는 것이 좋다.

스마트폰도 비슷한 맥락이다. 요즘 초등학생 사이에서도 스마트폰은 이미 대중화되어 있다. 편리한 점도 있지만 득보다 실이 많은 것이 현실이다. 자기조절능력이 떨어지는 아이에게 어차피 나중에 사용할 테니까 일찌감치 스마트폰을 쥐여줄 것인가? 아니다.

그렇다면 건강에 해로운 정크 푸드(junk food)에 길들여지는 시기를 늦춰주는 것이 최선이다. 아이의 식습관은 다른 습관들에도 영향을 미치기 때문에 가볍게 생각해서는 안 된다.

그런 노력 덕에 큰아이는 입맛이 아주 건강한 편이다. 몸에 좋은 채소(브로콜리, 오이, 당근 등)를 좋아하고, 젤리나 사탕 같은 간식은 어쩌다 한두 번 먹고 많은 양을 먹지 못한다. 인공적인 맛에 익숙하지 않은지 특유의 향이나 맛을 보면 거부감이 든다고 한다. 반면 작은아이는 반대다. (아마도 둘째아이를 둔 엄마라면 비슷한 경험이 있을 것이다.)

큰아이가 연령이 올라갈수록 집 밖에서 젤리나 사탕을 자주 받아 오면서 동생은 그 매혹적인 맛에 눈을 빨리 뜨게 된다. 작은아이는 입맛이 건강하지 못한 편이라 안타까운 마음이다. 그래도 작은아이에게도 똑같이 절제하는 법을 가르치고 무분별하게 먹지 않도록 한다. 개수를 정해놓고 나머지 것은 가지고 있다가 다음에 친구들과 놀러 갈 때 먹기로 약속한다. 친구들과 놀 때는 달달한 간식을 허용해 주는 편이다. 올바른 식습관도 중요하지만, 가끔씩 자유롭게 풀어줄 때도 있어야 한다고 생각하기 때문이다. 감사하게도 우리 아이들은 제법 스스로 제어를 잘한다. 작은아이는 그걸 몇 시간씩 손에 쥐고 있지만 절대 먹지는 않는다. 다음에 먹을 것을 엄마랑 약속했기 때문이다. 가족 여행에서 이 모습을 실제로 본 사촌 언니가 놀라워했을 정도다.

아이들의 식사 버릇에 있어서 나름의 규칙이 있어야 한다. 아이의 식사 시간과 식사 간격, 활동량과 식성 등을 고려해서 엄마가 정해야 한다. 그냥 되는대로, 상황에 따라서 그때그때 놔두면 그저 그런 식사 버릇이 생기게 된다. 엄마는 아이의 식사 패턴과 성향을 정확하게 파악하고 있어야 한다. 운동선수의 식단을 관리해 주는 감독관처럼 말이다. 아이의 올바른 식사 버릇을 위해 이유 있는 주식과 간식을 조절해야 한다. 그것은 곧 아이의 건강과 체력을 만든다. 건강과 습관은

공짜로 얻어지지 않는다. 엄마와 아이가 같이 노력한 만큼 아이의 몸
과 마음 또한 건강해질 것이다.

세 살 건강 여든까지 간다

지난 10년간 우리나라 소아청소년기 비만 비율이 꾸준히 증가하고 있다. 소아 · 청소년기의 당뇨병 및 전 단계인 '전당뇨병(prediabetes)' 비율이 최근 10년 새 2배로 오르는 등 사회적 문제로 떠오르고 있다. 소아청소년 시기의 비만은 성인 비만으로 이어질 가능성이 크고 성조숙증 등 각종 합병증 유병률 또한 높아지기 때문에 소아 · 청소년 시기부터 건강관리를 해야 한다.

아이가 세상에 나오면 엄마 젖을 처음 물고, 이유식을 먹고, 유아식을 지나 어른과 같은 식사를 하게 된다. 유아기 때부터 아이 입에 들어가는 음식에 신경을 써야 한다. 식습관 또한 시작이 반이다. 인스턴트 음식 또는 당이 높은 간식을 쉽게 접한 아이들은 그 맛에 금방 익숙해진다. 연령이 높아진다고 저절로 건강한 식단을 찾게 되지는 않는다. 어린 나이부터 건강한 맛을 경험하게 해 주고 그 맛에 익숙해지도록 도와줘야 한다. 유아기 때부터 건강한 식습관을 가진 아이는 초등학교에 올라가서도 그 습관을 어느 정도 유지할 수 있기 때문이다.

어린 나이부터 당도가 높은 간식류 또는 인스턴트 음식을 많이 먹는 아이들은 쉽게 그 습관을 끊기 어렵다.

미국의 한 논문에서도 이런 결과를 증명하는 연구 결과를 내놓았다.

2017년, 2018년 NEJM(New England Journal of Medicine)에 발표된 두 논문의 결과를 종합해보면 만 3세 이후에 비만일 때 청소년기는 물론 성인이 되어서도 비만일 확률이 매우 높다는 결론이다.

내가 거주하는 대치동의 아이들을 보면 안타까울 때가 많다. 유치원 때부터 학원 수업 때문에 어른보다 더 바쁜 스케줄을 소화하느라 운동할 시간이 거의 없다. 식사 시간도 여유롭게 갖지 못한다. 학원과 학원 사이의 이동시간에 차에서 간단히 샌드위치나 인스턴트 음식으로 끼니를 때우기도 한다. 결국, 학업도 건강과 체력이 뒷받침되어야 한다. 고등학교 때까지 긴 여정을 잘 이겨내야 하는데, 눈앞에 학업 성과에만 급급해 정작 중요한 건강관리를 놓치고 있지 않나 싶다.

아이의 건강과 식습관을 위해, 아이 입에 들어가는 음식을 절대 가볍게 생각해서는 안 된다. 워낙 아이들의 건강한 식사를 중시했던지라, 이유식을 먹었던 시기에도 영양소를 생각하며 식단을 짜고 매일 삼시 세끼를 부지런히 만들어 먹였다. 고기의 종류(소고기, 돼지고기, 닭고기)를 돌려가며 메뉴를 만들고, 궁합이 잘 맞는 야채 몇 가지를 섞어서 육수와 함께 푹 끓여 만들었다. 어른과 같은 식단을 먹게 되면서부터 아이들이 먹는 음식은 늘 신경 써서 만들어 주고 있다. 아이들이 먹는 음식 하나하나가 쌓여서 아이의 몸 밭을 만들기 때문이다. 이는 건강한 체력을 만들어 주고, 면역력을 키워줄 뿐 아니라, 건강한 정신까지 만들어 준다.

물론 엄마도 사람이고, 몸이 힘들면 인스턴트 음식이나 가공식품을 가끔 먹일 수도 있다. 나 또한 몸이 너무 지칠 때면 꾀를 부려 간편한 냉동식품을 먹이기도 한다. 몇 번 먹는다고 해서 큰일 나지 않는다. 그러다가 컨디션이 회복되면 다시 최선을 다해 아이들의 음식을 만들어 먹이면 된다. 중요한 것은 아이의 건강과 식습관을 생각하는 엄마의 마음이다.

아이들의 저녁식단

큰아이를 미국 유치원(preschool)에 보냈을 때의 이야기다. 유치원 또는 초등학교가 끝나는 시간이 되면 엄마들이 학교 앞에서 아이들을 위해 손에 간식을 하나씩 준비해서 기다린다. 아이들이 좋아할 법한 주스나 과자류가 아닌 생당근과 생오이를 간식으로 말이다.

평소에 고기와 함께 식판에 당근도 같이 썰어서 놓아주곤 했는데, 미국 엄마들의 모습을 보면서 나도 간식으로 당근과 오이를 준비해보았다. 먹기 좋게 스틱 모양으로 썰어서 주말 나들이 갈 때 또는 차로 이동 중에 먹게 하였다. 다행히 아이들도 맛있다고 좋아하니 더 챙겨주게 되었다.

습관적으로 야채를 가깝게 친근하게 접한 아이는 건강한 식단에 자연스럽게 익숙해진다. 주 식단뿐만 아니라 간식도 아이들의 건강을 위해 어린 나이부터 신경 써줘야 한다.

아이들 간식으로 준비한 오이와 당근 　　　 차 안에서 야채스틱을 먹는 큰아이

가수 이적의 어머니로 유명한 여성학자 박혜란 씨도 자녀 셋을 서울대에 보낸 육아 경험 에세이 『다시 아이를 키운다면』에서 제일 후회되는 부분이 '먹을거리'라고 이야기했다. 아이들이 마흔 살이 넘어가면서 각종 성인 질환이 생기는 이유가 인스턴트 식품을 많이 먹이고 좋은 먹거리를 제대로 챙겨주지 못한 탓이 아닌가 싶다고 말이다.

식사 버릇은 하루아침에 바뀔 수 있는 문제가 아니다. '아이가 원하니 일단은 먹이고 나중에 관리하면 된다.'라는 생각으로 방치해서는 안 된다. 어린 시절부터 길들어진 입맛은 쉽게 바뀌지 않는다. 아는 맛이 무섭다고 어린 시절에 단맛에 익숙해지면 더 단맛을 찾게 된다. 세 살 버릇 여든까지 간다는 말처럼 어린 시절 아이들이 접한 음식과 즐겨 먹는 간식은 평생 식사 버릇으로 굳어진다.

올바른 식습관은 학업을 넘어 아이의 평생 건강과도 직결되는 문제이다. 몸이 아프고 피곤하면 의욕이 없고 어떤 일에서든 성과를 내기 어렵다. 몸이 따라주지 못하면 예민해 지고 짜증이 나기 십상이고 삶의 질 또한 떨어진다. 아이가 살아갈 수 있는 건강한 그릇을 만드는 것이 무엇보다 중요하다. 아이의 평생 건강을 챙기는 것이 부모로서 해줄 수 있는 가장 큰 선물이 아닐까?

우리 집만의 식사 문화를 만들자

가족 식사는 인류가 생긴 이래 가장 오래된 전통이다. 하버드(Harvard) 대학 연구진들은 3세 자녀를 둔 가구를 관찰하면서 가족 식사 자리의 중요성에 주목했다. 가족 식사를 자주 하고 식탁에서 많은 이야기가 오가는 가정의 아이들이 학습 성취가 뛰어났으며 정서적 친밀감 또한 높다는 결과가 나왔다.

이 연구를 계기로 미국은 가족 식사의 중요성을 깨닫고 매년 9월 넷째 주 월요일을 '가족 식사의 날'로 정했다고 한다. 그만큼 선진육아에서는 가족 식사 문화를 중요하게 여긴다.

우리 집의 경우, 작은아이가 오롯이 혼자서 식사하게 되기 전까지는 아이들 저녁 식사를 먼저 차려 주었다. 아이들 식사를 다 정리한 뒤에 야 우리 부부는 식사 시간을 가졌다. 네 식구가 다 같이 식사하게 되면 어른들이 편하게 밥을 먹을 수 없기 때문이다. 큰아이는 혼자서 식사 중간에 필요한 것이 있으면 스스로 해결하지만, 작은아이는 식사 중간에 엄마의 손길이 필요한 경우가 종종 있기 때문이다.

그런 루틴을 유지하던 중에 문득 언제까지 어른 따로 아이 따로 밥을 먹어야 하나 싶은 생각이 들었다. 주말에라도 네 식구가 식탁에 모여 앉아 일주일 동안 있었던 일들을 얘기하면서 가족 대화 시간이 필요하다고 생각했다. 물론 아이들과 함께 식사하면 우리 부부만의 조용한 대화는 못 하겠지만 아이들과의 대화 또한 중요하다. 작은아이도 7세가 되니 제법 어른과 대화할 수 있는 나이였고 이제부터라도 우리 가족의 식사 문화를 만들어야겠다는 생각이 들었다.

가족 식사의 첫 시작은 식사 준비이다. 아이들도 식사 준비과정에 함께 참여시켰다. 예를 들어 수저와 젓가락, 물컵과 냅킨 등을 스스로 가져와 테이블에 세팅하게 하였다. 아이들도 식사 준비를 같이한다는 것만으로도 즐거워하였고 엄마와 아빠를 도와준다는 것에 뿌듯함을 느꼈다. 우리 네 식구는 식탁에 모여 앉아 식사 기도를 같이하고 식사를 시작하였다. 식사 기도는 하나의 루틴이 되어서 아이들도 눈을 감고 양식 주심에 감사하는 기도를 했다. 아이들과 식사 메뉴에 관한 이야기를 시작으로 이번 주 학교생활과 친구들에 관한 이야기로 자연스럽게 대화가 이어졌다. 서로들 바쁘기 때문에 식사 시간이 아니고서는 네 식구가 한자리에 모여서 대화할 기회가 없는 것이 사실이다. 부부 간의 대화와 소통이 중요한 만큼 부모와 아이들 사이에도 필요하다.

가끔 주말에 외식하러 가면 가족 단위로 식사하러 온 테이블이 눈에 들어온다. 아이들과 식사하러 나온 가족들을 보면 각양각색의 모습이 있다. 그중에 가장 많이 눈에 띄는 모습은 부모들도 핸드폰을 보고 아이들도 태블릿으로 영상을 보는 것이다. 대화가 없을 수밖에 없다. 부모들도 아이들이 공공장소에서 시끄럽게 하지 않도록 영상을 보여줌으로써 편한 방법을 선택한 것이다. 아마도 그 가족은 집에서 식사할 때도 아이에게 영상을 보여줄 가능성이 크다. 그것이 하나의 가족 식사 루틴이다. 어찌 보면 건강하지 못한 가족 식사 문화가 자리 잡은 것이다.

반면 미국의 레스토랑에는 사뭇 다른 모습의 가족 식사 모습을 볼 수 있다. 부부들도 자연스럽게 대화를 주고받으면서 아이들과도 어떤 주제에 대해 거리낌 없이 얘기하는 모습을 볼 수 있다. 앞장에서 말했듯이 설명 끝판왕의 면모를 보여주고 있다. 옆에서 중간중간 대화 내용을 듣고 있으면 정말 대단해 보여서 따라 하고 싶은 가족문화라는 생각을 했다.

온 식구가 모여서 식사를 하다 보면 많은 이야기를 할 수 있다는 점 외에도 아이들이 부모로부터 올바른 식사 버릇을 배울 수 있다는 장점도 있다. 아이들끼리만 따로 식사하게 두었을 때는 우리 아이가 어떤 모습으로 식사를 하는지 제대로 볼 수 없다. 아이가 쩝쩝 소리를 내면서 먹는다든지, 입 안에 음식이 있는 상태로 말한다든지, 꼭꼭 씹지 않고 삼킨다든지, 턱을 괴고 먹는 등의 모습이다. 잘못된 식사 매너는 가정에서 부모가 가르쳐야 한다.

우리 부부는 외식을 그다지 선호하는 편이 아니다. 단순히 집밥이 더 건강하고 위생적인 것 외에도 다른 이유가 있다. 외식하게 되면 주변 환경으로 인해 가족 간의 온전한, 편안한 식사가 힘들다. 옆 테이블 사람들도 신경 써야 하고, 룸에서 식사를 한다고 해도 서빙하는 종업원이 드나들면 불편할 수밖에 없다.

여유 있게 가족만의 식사 시간을 갖기 위해서는 집보다 더 좋은 장소는 없다. 이런 이유에서인지 큰아이도 외식을 좋아하지 않는다. 아무래도 주변을 신경 써야 하고 불편한 그 분위기를 알기 때문이다. 나 또한 남이 해주는 밥을 먹을 수 있다는 점에서 주말 외식이 반갑기도 하지만 어떤 면에서는 옷도 갖춰 입어야 하고, 내 집같이 아늑한 분위기가 아니기 때문에 마냥 좋지만은 않다.

아이의 올바른 식사 버릇을 위해서, 그리고 가족 간의 유대를 강화하기 위해 가족 식사 시간을 가능한 한 자주 갖기를 바란다. 가족이 식탁에 둘러앉아 식사하는 중에 아이들은 사랑을 느낀다. 온 가족이 모여 앉은 밥상은 단순히 식사 한 끼를 해결하는 시간이 아니다. 현대인들은 서로 바쁜 일상 가운데 함께 식탁에 앉는 시간이 줄어들고 있다. 그 시간조차 서로 핸드폰을 보면서 눈조차 마주치지 않고 대화가 줄어든 것이 아닌지 생각해 보자. 가족이 함께 식사하는 행위가 우리를 키워왔고, 우리 아이들의 미래를 키워갈 수 있다. 우리 가족의 식사 문화를 만들어 가는 것은 어른들의 몫이다. 엄마와 아빠가 주체가 되어 우리 식구만의 특별하고 따뜻한 밥상 문화를 만들어 보자. 아이들도 그것이 하나의 루틴이 되어 인생 최고의 배움의 장(場)이 될 것이다.

1. 개인용 숟가락, 젓가락

대부분의 어린이집이나 유치원에서는 개인용 수저와 젓가락을 매일 챙겨오게끔 한다. 위생적인 측면에서도 좋고, 아직 혼자 먹는 것이 익숙하지 않은 영유아기 때에 필요한 부분이다. 아이에게 편하고 익숙한 식기를 사용하면 스스로 먹는 연습을 하기에 훨씬 수월하다. 우리 집 아이들의 경우에는 둘 다 왼손잡이였기 때문에 외출할 때면 개인용 젓가락을 꼭 챙겨 다녔다. 아이들도 본인이 평소 쓰던 것이기 때문에 외식할 때도 부모의 도움 없이 스스로 식사하는 습관을 가질 수 있다. 특히 우리나라의 경우, 유아용 식기가 구비되어 있지 않은 음식점도 있기 때문에 준비해서 다니면 유용하다.

2. 유아용 턱받이 (Bib)

신생아 때는 침을 흘리기 때문에 턱받이를 사용하고, 이후에 이유식을 시작하면서부터는 음식물이 흐르는 걸 방지하기 위해 사용된다. 시기마다 턱받이의 형태는 조금씩 다르지만 일반식사를 하는 시기에도 유용하게 사용했다. 한식의 경우 국물 요리가 많기 때문에 아이들이 식사하면서 흘리기가 쉽다. 매번 옷을 닦아주는 것이 번거롭다 보니, 그냥 차라리 내가 먹여주자 싶을 때도 있다. 실리콘 재질로 된 Bib(턱받이)를 사용하면 이런 부분이 해결된다. 아이가 식사하며 음식물을 흘려도 밑에서 잘 받아주니 식사 후에 물로 씻어주기만 하면 된다. 엄마의 마음도 편하고 아이도 자기 주도적 식사를 할 수 있으니 일석이조다.

3. 노트와 연필

외출 시 잊지 않고 챙겨 다녔던 필수템이 노트와 연필(또는 색연필)이다. 집에서 식사할 때는 필요 없지만, 외식하러 나갔을 때는 없어서는 안 된다. 음식을 주문하고 기다리는 시간은 아이들에게 지루한 시간이다. 그때 핸드폰 영상 대신에 준비해온 노트와 연필을 아이 앞에 놓아주자. 아이는 그림도 그리고 글자도 써 가면서 그 시간을 나름 재밌게 잘 보낼 것이다.

4장

:

놀이 버릇:
스스로 놀 줄 알아야 잘 큰다

지나친 플레이데이트는 독

가족과 함께 미국으로 가게 됐을 때, 큰아이는 9개월이었다. 남편은 로스쿨 학기가 시작되면서 학교생활을 하느라 정신없이 바빴고 아이와 나는 새로운 곳에서 적응기를 가졌다. 아이와 단둘이 집 앞의 널찍한 공원을 하루에 몇 번씩 산책하기도 하고, 근처 마트에서 장보기를 반복했다.

아는 사람 하나 없는 곳에서 아이와 단둘이 매일 같은 일상을 보내는 것이 쉽지만은 않았다. 산책 중 우연히 마주치게 된 한국인 엄마들과 서로 인사하고 이야기 나누면서 가까워질 수 있었다. 비슷한 연령대의 아이를 키우면서 남편의 유학 생활로 인해 심신이 지쳐 있고 새로운 곳에서 적응하고 있는 같은 처지의 육아동지였다.

타지에서 자신과 같은 환경에 있는 한국 사람을 만나면 공감대는 몇 배로 올라간다. 서로 믿고 의지할 상대가 생긴 것이다. 그 후로는 아이들과 함께 공원, 수영장, 박물관, 놀이터에 같이 데려가며 플레이데이트를 즐겼다. 타지에서의 육아 고충을 함께 나누고 정보도 공유며, 아이들에게는 친구를 사귈 기회가 된다는 점에서 플레이데이트의 장점은 분명히 있다.

한국에서도 육아하는 엄마들의 플레이데이트는 흔히 볼 수 있다. 조리원 동기 모임, 동네 엄마들 모임, 유치원 엄마들 모임 등 취학 전 대표적인 엄마들의 모임이다. 엄마들의 육아 고충을 서로 나누며 공동 육아를 하자는 취지에서 비슷한 연령대의 아이들과 어울려 시간을 보내는 것이다. 아이랑 둘만 있다가 '육아'라는 공통주제로 대화가 통하는 어른 사람을 만나니 시간 가는 줄 모르고 대화가 끊이지 않는다. 아이 또한 또래 친구를 만나니 더 재밌게 놀고, 엄마의 손이 덜 가니 이보다 더 좋을 수 없다. 엄마의 숨통이 트이는 순간이다.

다양한 장소에서 플레이데이트를 자주 하다 보면 좋은 점도 있지만 알게 모르게 불편한 점이 있다. 두세 가정의 아이들과 엄마들이 다 같이 만나다 보니 신경 써야 하는 부분들이 생기기 마련이다. 일단 엄마들과 대화를 나누다 보면 내 아이한테 신경을 덜 쓸 수밖에 없다. 내 아이를 온전히 집중해서 지켜보지 못할뿐더러 옆에 있는 엄마들의 눈치도 중간중간 봐야 한다.

내 가족이 아니고서야 아무리 친한 사이라도 상대방과 주변 상황을 살필 수밖에 없기 때문이다. 특히 아이들이 개입되다 보면 크고 작은 사건·사고들이 언제든 생길 수 있기 때문에 더욱 그렇다. 실제로 엄마들끼리 웃고 떠드는 중에 아이를 제대로 보지 못해 아이가 다치는 사고가 나기도 한다. 또는 아이들끼리 밀치고, 장난감을 뺏을 때 상대방 엄마의 눈치를 보느라 내 아이에게 사과(=미안해)를 강요하기도 한다.

내가 미국에서 살았던 아파트는 규모가 꽤 커서 다양한 인종의 사람들이 모여 있었다. 백인 가족들도 많았고 한국인도 꽤 있었다. 집 앞 공원에는 아이들을 데리고 나온 엄마와 아빠들이 항상 있었다. 유독 한국 엄마들의 플레이데이트가 잦다 보니 삼삼오오 무리 지어 놀고 있는 아이와 엄마들이 눈에 띄었다. 아이들은 아이들끼리 놀고 있고 엄마들은 수다 삼매경에 빠져 있는데 아이는 어느 순간 다른 장소로 가 있었다. 미국 엄마들은 아이 옆에 보호자가 없으면 일단 그 상황을 이상하게 생각하고 주변을 둘러보며 보호자가 있는지를 살펴본다. 아동에게 있어서 굉장히 엄격한 보호 기준이 있는 나라이다 보니 보호자는 아이 옆에서 항상 주시하고 돌볼 의무가 있다. 아이가 혼자 있으면 보호자로 짐작되는 사람에게 다가가 혹시 엄마가 맞는지 확인 후 아이를 잘 지켜봐야 할 것 같다고 정중하게 이야기하곤 한다. 아이를 항상 지키고 보호하는 미국 사회의 전반적인 분위기이다. 이 때문에 미국 엄마들은 아이와 플레이데이트를 할 때도 언제나 아이 옆을 지키면서 아이가 하지 말아야 할 행동을 하거나 위험한 행동을 했을 때 바로 제지한다.

뿐만 아니라, 다른 친구들과 어울리다 보면 우리 아이의 성향과 기호에 맞게 마음껏 움직이지 못하고 제약이 따르게 된다. 박물관에 갈 때면 우리 아이는 특정한 곳을 더 관람하고 싶어 관심을 보이는데 다른 친구가 지루해 하거나 하면 어쩔 수 없이 서로 조율해야 한다. 또한, 야외공원을 가더라도 우리 아이가 놀고 싶어 하는 장소는 여기인데 같이 간 친구가 다른 곳에 가고 싶다면 그 또한 아이를 설득해서 한 곳으로 유인해야 한다. 다른 엄마의 눈치를 어쩔 수 없이 본다. 아이들의 수가 늘어날수록 변수 요인은 늘어나기 마련이다.

플레이데이트는 아이가 다른 친구들과 어울리면서 사회성을 기를 수 있는 분명 좋은 기회이다. 또한, 육아 생활에 지친 엄마에게 활력을 주고 힐링 시간이 된다. 하지만, 사회성을 키워줘야 한다는 이유로 플레이데이트를 무리하게 계획하지 않았으면 한다. 아이의 사회성의 첫 단추는 부모와의 애착 형성이다. 생의 초기부터 아이가 주 양육자와 맺는 애착 관계는 모든 대인관계의 원형이 된다. 안정적인 애착이 형성되면 정서적으로 안정감을 느끼게 된다. 이 안정된 정서를 통해 아이는 다른 사람을 신뢰하고 자신감 있게 관계를 맺는 기초를 다진다.

아이의 성향과 마음에 집중하기 위해서는 엄마와 아이의 오붓한 시간이 분명 필요하다. 아이의 사회성을 키워준다는 명목으로 지나친 플레이데이트를 갖는 것은, 어쩌면 더 중요한 아이와의 애착 시간을 방해할 수 있다. 엄마와 아이 둘만의 온전한 플레이데이트는 더 여유로운 일정을 만들어 준다. 엄마와 아이는 언제든 생길 수 있는 변수에 얽매이지 않고 자유롭게 시간을 보낼 수 있다. 아이도 어쩌면 엄마와 둘만의 찐한 플레이데이트 시간을 갖기를 원하지 않을까?

2

아이의 자율성을 방해하는 부모의 행동

아이들에게 장난감은 떼려야 뗄 수 없는 존재다. 아이가 있는 집에는 장난감 꾸러미가 수북하게 쌓여 있는 것을 쉽게 볼 수 있다. 한 번은 친구 집에 놀러 간 적이 있었는데 방 한편이 전부 장난감으로 쌓여 있는 것을 보고 놀란 적이 있다. 정리도 제대로 안 된 장난감을 보면서 과연 이 장난감을 전부 다 가지고 놀까 싶어 아이 엄마한테 물어보니 금방 싫증을 내서 잘 갖고 놀지 않는다고 한다. 많은 양의 장난감을 정리할 엄두가 나지 않아서 일단 방 하나에 모아났다고 하소연했다. 과거와 달리 최근에는 경제적으로 풍족해지다 보니 부모들 또한 큰 고민 없이 아이들에게 장난감을 쉽게 사주기도 한다.

오하이오 주 톨레도 대학교의 연구 「환경에 있는 장난감 수가 유아의 놀이에 미치는 영향」에서는 장난감이 많으면 유아의 놀이 질이 떨어진다고 밝히고 있다. 적은 수의 장난감이 더 건강하고 창의적인 놀이와 궁극적으로 더 깊은 인지 발달로 이어진다는 것이다.

우리 집에는 장난감이 정말 없다. 우리 집에 놀러 온 친구들이 하나같이 이렇게 말한다. "왜 이렇게 장난감이 없어? 다 버렸어?"

"아니. 그런 거는 아니고, 잘 안 사줘서 그래."

"에이~ 뭐야. 좀 사줘. 불쌍하다 애. 내가 다음에 사줄게."

그리고 실제로 생일이나 크리스마스, 어린이날에 선물을 주곤 한다.

우리 부부는 사실 일부러 장난감을 안 사주는 것이다. 처음부터 장난감을 잘 사주지 않는 것이 습관이 돼서 아이들도 사달라는 말을 잘하지 않는 편이다. 그러다 갖고 싶은 장난감 또는 물건이 생기면 일단 기다리게 한다. 그리고 정말 필요한지에 대해서 며칠 생각해 보자고 한다. 장난감을 사는 것 또한 버릇 들이기 나름이기 때문이다.

유대인 부모들은 다소 고생스럽더라도 부족하고 검소하게 사는 법을 가르친다. 자녀가 원한다고 해서 갖고자 하는 것을 쉽게 사주지 않는다. 근검절약해야 하는 이유를 가르치고, 갖고 싶은 물건은 왜 가지고 싶은지 이유를 말하게 한다.

우리 집에서는 물건을 사줄 때 전액을 주지 않고 아이가 평소 집안 일을 해서 저금해 둔 용돈으로 같이 계산하게 한다. 그래야 작은 것이라도 쉽게 버리거나 함부로 하지 않는다. 자녀가 사달라는 장난감을 바로바로 사주기 시작하면, 아이는 그것이 습관이 돼서 부모에게 자신이 원하는 물건을 얻어내기 위해 계속 요구한다. 그리고 그게 잘되지 않으면 떼를 쓰고 투정을 부린다.

비싸고 화려한 장난감이나 놀잇감에만 의존하지 말자. 두뇌 발달 단계에 맞춰 퍼즐이나 그림 맞추기, 그림 그리기, 클레이(clay; 찰흙) 놀이, 밀가루 놀이 등은 아이들이 좋아하는 놀이다. 또한, 빈 박스나 페트병, 두루마리 휴지를 다 쓰고 남은 원기둥 모양도 아주 좋은 장난감이다. 아이에게 재료를 주면서 같이 만들어 보면 창의성도 기를 수 있고 돈도 절약할 수 있고, 스스로 만든 작품을 보면서 성취감 또한 느낄 수 있다.

재활용품을 이용하여 만든 아이들의 작품

밀가루 놀이

과일을 이용한 창작놀이

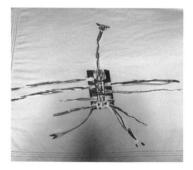

종이와 박스를 이용하여 만든 동물

아이에게 장난감을 많이 사주면 아이와 직접 놀아주지 않아도 되니 부모의 시간이나 노력을 아낄 수 있다. 특히 맞벌이로 인해 부모가 피곤하고 힘들어 아이와 놀아주지 못하는 미안한 마음을 장난감으로 보상해 주려는 심리도 작용한다. 하지만 자주 사주는 장난감으로 부모의 역할을 잘하고 있다고 생각하면 안 된다. 제한된 장난감의 수로 아이는 오히려 더 창의적인 놀이를 만들기 위해 시도를 하며 상호작용하는 방법을 스스로 배워나갈 수 있다.

아이가 놀이의 자율성을 가질 수 있게 지켜보자. 또한, 아이가 스스로 생각하며 만드는 '나만의 홈메이드 장난감'도 적극 권장한다. 아이는 스스로 즐거운 놀이를 만들어가는 동시에 소비습관에 대해서도 어린 시절부터 훈육할 수 있는 좋은 기회가 될 것이다.

3

혼자 놀 수 있는 아이로 만들어라

옛 어른들 말에, "아이 볼래, 밭맬래?" 하면 밭을 맨다는 말이 있다. 아이를 낳으면 자기 숟가락 물고 태어나 알아서 자란다고 말하던 시절에도 육아는 밭매는 것보다 힘들다는 것을 알았나 싶다.

주변의 워킹맘들에게 똑같이 "일 나갈래, 아니면 집에서 아이 볼래?" 하면 단호하게 일 나가는 게 훨씬 편하다고 한다. 그나마 직장에서는 점심시간에 커피라도 마시며 바깥바람도 쐬고, 돈을 번다는 즐거움과 함께 집에 있을 때처럼 아이한테 꽉 붙잡혀 아무것도 못 하지는 않으니 말이다.

아이가 어느 정도 커서 손이 안 가기까지 엄마의 손발은 쉴 틈이 없다. 기관(어린이집 또는 유치원)에 가기 전까지는 온종일 아이의 일과에 메여 산다. 아이가 일어나면 아침 주고 산책시키고 낮잠 잠깐 재우고 점심 주고 중간중간 집안일도 하고 오후에 또 산책하러 나가고 저녁 준비하다 보면 하루가 금방이다. 아이가 둘이거나 셋이면 어느새 정신이 안드로메다로 간다. 뭐 좀 하려 하고 하면 옆에서 "놀아줘 놀아줘." 하며 보채기도 한다. 진짜 내 시간이라고는 하나도 없는 게 엄마로서 삶의 현실이다.

아주대학교 의과대학 정신과 조선미 교수는 오디오클립 〈조선미의 우리 가족 심리상담소〉에서 아이가 혼자서 놀 수 있도록 놔둬야 한다고 말한다.

엄마가 항상 놀아주는 아이는 스스로 놀이를 만들지 못하는 경향이 있다. 반면 혼자서도 잘 놀아본 아이는 놀이를 만들어 가며 친구들 사이에서도 인기다. 집에서의 놀이경험은 밖에 나가서도 분명 영향을 미친다. 심심해 하는 것을 나쁘게만 보지 말고, 아이가 터득할 수 있는 좋은 기회라고 생각하자. 엄마와 아빠가 놀아 줄 수 있는 때는 놀아주고, 상황이 안 될 때는 "엄마가 지금은 못 놀아줘. 혼자서 놀고 있어."라고 말할 수 있어야 한다.

아이가 옆에서 "놀아줘~ 놀아줘." 하면서 보채거나 칭얼대면, 대부분의 엄마들은 그 즉시 달려가거나 반응한다. 아이가 심심해 할까 봐 같이 놀아주려 하고 다양한 경험을 해 주려고 한다. 장난감이나 전집을 더 사주기도 하고, '놀이'를 해주는 학원을 보내기도 한다. 부모나 선생님의 도움을 받으면서 하는 아이는 스스로 '놀이'를 탐색하거나 만들 기회가 없다. 늘 어른이 옆에서 도와주고 바로바로 반응해주니 스스로 '어떻게 놀까?' 하고 고민할 필요가 없기 때문이다.

자기가 원하는 걸 원하는 시간에 빨리 가질 수 없는 것이 현실이다. 엄마가 다른 일을 하느라 즉시 아이의 요구사항에 대응해 주지 못할 때가 많다. 엄마가 옆에서 아이만 끼고 있을 수 없기 때문이다. 엄마뿐만 아니라 첫 기관(어린이집 또는 유치원)에서 단체생활을 할 때도 마찬가지다. 선생님이 많은 아이의 요구를 한 번에 다 들어줄 수 없기 때문에 기다림의 연속이다.

집에서 자기 주도적으로 놀이를 만들어보고 고민해 본 아이는 원에서도 똑같은 행동을 한다. 선생님의 직접적인 도움 없이도 주어진 교구를 어떻게 가지고 놀지를 스스로 생각하는 힘이 있다. 친구들과 놀이할 때도 주도적으로 창작해 내는 아이는 누가 봐도 재밌는 친구로 여겨진다. 친구들 사이에서도 가만히 멀뚱히 있는 친구보다는 적극적으로 놀이를 만들어 내는 친구에게 눈길이 가는 것은 당연하다. 집에서 혼자서 노는 법이 잘 훈련되어야 밖에 나가서도 인기 있는 아이가 될 수 있다.

'아이가 잘 놀고 있나? 지금 뭐 하고 있지?' 하고 엄마는 아이를 걱정하고 관심을 둔다. 이 마음이 지나치게 강해서 아이가 하는 놀이에 자주 개입하다 보면 아이의 놀이 독립성은 떨어지고 엄마에게 의존하는 정도가 커진다. 그러므로 엄마 또한 마음을 편하게 갖고 아이가 혼자서 잘 놀 거란 믿음을 가져야 한다.

혼자 놀이는 자아 형성에 도움이 된다. 혼자 이리저리 관심사를 돌리면서 자기가 원하는 것을 탐색하면서 자기 속도에 맞게, 자기 관심사에 맞게 탐험할 수 있다. 주변에 위험한 물건이 없는지 확인하고 정리하는 것만이 부모의 몫이다. 나머지는 아이에게 온전히 맡겨보자. 부모가 놀아줄 수 있을 때는 적극적으로 상호작용하며 놀아주되, 아이 혼자서도 독립적으로 놀 기회 또한 줘야 한다. 아이의 이보 전진을 위한 부모의 일보 후퇴를 기억하라.

4

스스로 하는 아이 vs "엄마가 해줘" 하는 아이

나와 친하게 지내는 큰아이의 같은 반 친구 어머니가 있다. 그는 고3 담임을 몇 년째 맡고 있는 현직 교사이다. 얼마 전 반 모임이 있었다. 그때 모든 학부모의 초미의 관심사는 대학입시였다. 아마 그해 수능 시험이 끝난 직후라서 더 그랬던 것 같다. 엄마들의 질문은 "공부 잘하는 친구들의 공통점이 뭐예요?"였다. 그 어머니의 대답은 깔끔하고 명료했다. "머리(두뇌)와 성실한 습관, 딱 두 가지예요."

또 다른 나의 절친 언니도 비슷한 말을 했다. 그는 잘나가는 입시학원 원장이다. 이 언니도 SKY대학에 진학하는 친구들을 보면, 공부 스트레스를 스스로 이겨내는 힘과 꾸준함, 성실함이 공통점이라고 말한다. 이런 이야기들을 종합해보면, 습관의 중요성은 거듭 강조해도 지나치지 않는다.

'꼭 좋은 학교에 진학하기 위해서 좋은 습관을 만들어 줘야 하나?'라고 질문할 수도 있다. 하지만 공부는 한 부분일 뿐, 습관은 그 사람의 삶을 바꾸기도 한다.

내가 사는 대치동에서 자주 볼 수 있는 모습 중 하나는 유치원에 등·하원하는 아이의 책가방을 엄마가 대신 들어주는 것이다. 아이 두 명을 일반유치원과 영어유치원을 보내 봤지만, 유치원 책가방은 무겁지 않다. 물통이랑 수저통 정도만 들어 있을 뿐 무거운 책이 들어 있지 않다. 그런데도 굳이 그걸 엄마가 대신 들어준다. 아이가 하려고 하면 "괜찮아. 너 무거워. 엄마가 들어줄게."라고 말한다. 아이가 힘들까봐 들어준다고 하는데 이해하기가 힘들다.

하원 시간에 유치원 앞에 가보면 셔틀버스를 기다리는 아이들이 줄을 서서 기다리고 있다. 담임 선생님은 아이들을 인솔할 뿐 책가방을 들어주는 경우는 없고, 아이들 스스로 어깨에 가방을 잘 메고 기다리고 있다. 아이 스스로 충분히 할 수 있다는 얘기다. 비단 유치원 아이들만의 모습이 아니다.

초등학교에 입학하고 나서 저학년 때는 엄마들이 대부분 교문 앞에 아이들을 픽업 나온다. 교문에서 나오는 동시에 아이들은 엄마에게 책가방을 건네주고 친구들끼리 놀이터로 향한다. 엄마들은 아이의 책가방을 어깨에 두르고 아이 뒤를 따라간다. 학원 스케줄이 바로 있는 경우에는 학원 가방까지 있어 엄마들은 양쪽 어깨에 가방을 멘다. 설령 초등학생의 가방이 무겁다고 하더라도 아이가 충분히 맬 수 있는 무게이다. 교과서를 배부하는 특정일이 아니고서는 말이다.

나는 아이들의 가방을 들어준 적이 없다. 작은 아이가 초등학교 1학년 때, 교문에서 나오는 동시에 친구의 행동을 따라 나에게 가방을 건네줘서 엉겁결에 들어준 적이 있다. 나중에 아이에게 아까의 행동에 대해서 설명해 주면서 본인 가방은 스스로 들어야 한다고 찬찬히 설명해 주었다. 그 후로는 책가방을 나에게 맡기는 일은 없다.

작년 방학에 작은아이가 썸머캠프(summer camp)에 참석하게 되면서 미국에서 한 달 살 이를 하게 되었다. 유치원 아이들과 초등학생들이 참여하는 캠프였다. 미국의 학교는 대부분 집에서 점심 도시락을 준비해 간다. 그래서 캠프 기간에도 매일 런치박스에 음식을 싸서 보냈다. 아이의 가방에는 런치박스와 물통, 그리고 선크림과 타월 정도였다. 한국 아이들이 학교에 가지고 다니는 책가방이랑 비슷한 무게다. 매일 아침 캠프에 등교시키고, 오후에 하교 픽업을 하면서 미국 부모들을 유심히 관찰하였다. 부모가 옆에 있었지만, 가방을 드는 것은 언제나 아이 몫이다. 우리 아이 것보다 훨씬 큰 가방을 가진 유치원생조차도 그걸 메고도 씩씩하게 걸어간다. 미국 아이들은 어린 나이부터 자신의 물건은 스스로 챙기도록 한다. 아무리 무거워도 본인의 가방이다. 미국 부모들은 아이 본인이 책임지고 조금 힘들어도 스스로 감당하도록 어릴 때부터 가르치고 있다. 이런 작은 행동들이 모여서 나중에는 큰 차이를 만들어 낼 것이다.

부모가 아이의 손과 발이 되어 주면 아이는 자생력을 가질 수 없다. 아이가 할 수 있는 것, 혹은 할 수 있는 만큼은 실수할 수 있게 두는 것이 아이를 성장시키는 방법이다.

아직 어리다고도 할 수 있지만, 조금씩 짐승(?)의 탈을 벗고 엄마가 아이로부터 수월해지는 시기가 6~7세이다. 그때는 아이와 둘이 외출하는 것이 크게 부담되지 않는다. 같이 맛있는 것도 먹으러 가고 서점에도 들르면서 그 시간이 즐겁게 느껴진다. 언제 이렇게 컸나 싶은 마음이 든다.

큰아이가 7세 때, 아이에게 경제 관념을 조금이나마 알게 해 주려고 집안일을 도울 때마다 천 원, 이천 원씩 용돈을 주기 시작했다. 동전과 지폐 돈에 대해서도 배우고 집안일에 동참함으로써 스스로 성취감도 느끼게 해 주고 싶었다. 예를 들면 아빠 구두 닦기, 설거지하기(아이 전용 고무장갑도 따로 주문해 줬다), 재활용품 버리기, 실내화 빨기, 속옷 개기 등을 아이가 직접 하게 했다. 본인도 즐거워하고, 받은 용돈으로 가지고 싶은 것을 사러 문방구에 가곤 했다.

용돈으로 스스로 장난감을 계산하는 아이들

책 정리, 방 청소, 장난감 정리, 자기 옷 스스로 걸어놓기, 식사한 그릇을 설거지통에 넣어놓기 등 자기 일을 스스로 하게 해 보자. 아이가 자립심과 생활력을 갖도록 부모가 옆에서 도와줘야 한다. 유대인 부모들은 자녀의 독립성과 자립성을 키워주기 위해 어릴 때부터 아이들에게 집안일을 시킨다. 자기가 할 수 있는 일은 스스로 할 수 있도록 함으로써 아이에게 책임감을 심어줄 수 있다.

스스로 실내화를 세탁하는 큰아이   식사 후, 자기 식판을 설거지하는 큰아이

주말마다 속옷을 스스로 개는 아이들

아이를 자립적으로 키우는 방법은 첫 번째도 습관, 두 번째도 습관
이다. 습관이 그 사람의 인성을 만들고 그 인성이 그 사람의 운명을 만
든다는 말이 있다. 어릴 때부터 자기가 할 수 있는 일은 스스로 할 수

있도록, 사소한 집안일부터 참여시켜 보자. 스스로 돈을 버는 기쁨도 같이 느껴보면서 말이다.

부모는 아이가 행복하길 바란다. 내 자식이 귀해서 뭐 하나라도 더 해 주고 싶은 것이 부모 마음이다. 특히 어린 자녀가 불편해 하거나 힘들어 하면 마음이 쓰이고 당장이라도 해결해 주고 싶은 마음이 든다. 그렇지만 그 나이에 겪을 수 있는 일상의 어려움이나 불편함을 부모가 나서서 처리해 줘서는 안 된다. 아파도 보고 실수도 해 봐야 한다. 스스로 깨닫고 배울 수 있는 시간을 주는 것이 부모의 역할이다.

궁극적으로 자녀가 독립적인 존재로 자라나려면 자신이 할 수 있는 일의 범위를 점차 넓혀나가면서 스스로 자신감을 느끼도록 해야 한다. 본인이 해야 할 필요성을 느끼도록 부모는 계획적으로 한 발 뒤로 물러서서 지켜봐야 한다. 엄마인 '내'가 불안해서 아이 스스로 할 수 있는 기회를 뺏고 있지는 않은가? 부모의 걱정, 우려, 불안한 마음을 다스리는 습관 또한 스스로 하는 아이로 성장시키기 위한 우리의 몫이다. 자녀가 독립적으로 성장할 수 있도록 한 발 물러서는 부모 훈련을 해보자.

놀이의 기회를 넓혀라

방학 기간에 엄마들이 주로 모이는 인기 장소는 어디일까? 아이들과 엄마들이 편하게 만날 수 있는 키즈카페가 최적의 장소로 꼽히지 않을까 싶다. 새로 생겨서 시설이 깨끗하고 좋으면 금세 엄마들 사이에서 입소문이 퍼져 대기 번호를 받고 기다리기도 한다. 나 또한 엄마와 아이가 같이 만날 때 키즈카페를 이용한 경험이 있지만, 그다지 선호하는 편은 아니다. 밖에 비가 오거나 혹독하게 추운 날씨가 아니라면, 굳이 밀폐된 공간에서 아이들끼리 치이면서 놀게 하고 싶지 않기 때문이다.

키즈카페와 놀이동산은 기본적으로 돈을 쓰게 하는 곳이다. 아이들의 환심을 사기 위해 화려한 장난감 및 기구를 갖춰 놓고 있다. 키즈카페는 기본 2시간 이용이지만, 2시간 만에 나오는 경우는 거의 없다. 대부분 추가 요금을 내고서야 아이를 설득해 겨우 퇴장한다. 아이 두 명을 데려가면 10만 원은 훌쩍 쓰고 나오는 소비 지옥 같은 곳이다.

　더군다나 아이들은 흥분상태에 있기 때문에 그 안에서 식사도 하는 둥 마는 둥이다. 놀다가 중간중간 테이블에 와서 엄마가 먹으라고 숟가락을 들이밀면 마지못해 음식을 입에 넣고 또다시 뛰어간다. 심지어 그 안에서 판매하는 식품은 건강하지 못한 메뉴들이 주를 이룬다. 피자, 치킨, 감자튀김, 과자, 캐릭터 음료 등 건강한 식품은 거의 찾아보기 힘들다. 야채나 과일을 판매하는 키즈카페를 지금껏 본 적은 없다. 아이들의 입맛을 매혹할 수 있는 식음료를 비싼 가격에 판매하는 상황마저도 불편하다. 나의 육아 관점에서는 용납하기 힘든 시츄에이션이다.

　어린 나이일수록 야외에서 자연 친화적으로 노는 것을 권하고 싶다. 물론 우리나라가 여름에는 너무 덥고 습하고, 겨울에는 혹독한 추위로 인해 실외 활동에 제약은 있다. 하지만 상황이 허락한다면 최대한 바깥 놀이를 충분히 경험해 보길 바란다. 그 경험이 아이들의 정서 및 창의력에도 틀림없이 큰 도움이 된다. 롯데월드나 에버랜드 같은 테마파크도 어쩌다 한 두번쯤은 가볼 만하다. 그러나 인공적인 놀이 시설에 어린 나이부터 노출되는 것보다는 산이나 바다, 숲, 공원 같은 자연 속에서 식물이나 곤충 등을 직접 보고 만지고 느끼게 해 주자.

아이들의 오감은 상당히 발달되어 있어 우리가 생각하는 것 이상으로 사물을 보고 더 많은 것을 생각하고 경험하게 된다. 같은 야외공간을 몇 번에 걸쳐 가더라도 계절에 따라서, 그리고 같이 간 사람에 따라서 아이는 다른 방법으로 놀이를 재구성할 수 있다. 항상 같은 장소에 똑같은 나뭇가지와 풀잎이 있지 않듯이 아이들의 놀이 방법 또한 다채롭다. 하지만 키즈카페와 같은 실내 놀이시설은 항상 똑같다. 정해진 곳에 같은 장난감과 기구들이 비치되어 있다. 그래서 그런지 우리 작은아이는 같은 키즈카페를 두세 번 이상 다녀오면 재미없다며 지겨워한다. 어릴 때부터 다양한 경험을 하고 사고의 영역을 확장해 주기 위해서는, 어떤 장소에서 놀지를 잘 생각해야 한다.

미국의 심리학자 하워드 가드너 박사가 아이의 재능을 찾기 위해 추천한 방법은 '다양한 체험'이다. 그는 박물관이나 체험관에 많이 데리고 다니면서 아이를 내버려 두고 뒤에서 잘 관찰하라고 조언한다. 이를 통해 아이가 스스로 어느 분야에 관심을 두고 오랫동안 집중하는지, 어느 분야를 좋아하는지 알 수 있기 때문이다. 다양한 체험과 함께 '놀이'를 통해서도 재능과 능력을 발견해 줄 수 있다.

아이를 자연에 풀어놓으면 어떤 모습일까? 자연에서 마음껏 놀리기를 자주 하는 우리 집에서는 익숙한 광경이다. 나뭇가지를 가지고 산에 올라가 탐색하고, 돌을 가져와 쌓아 올리고, 땅을 파서 뭔가를 만드는 등 자기 생각을 마음껏 표현한다.

옷이랑 신발, 손은 엉망이 되지만 아이들의 표정을 보면 너무 행복해 보여서 지저분해진 것을 나무랄 수가 없다. 큰아이와 작은아이는 서로 "너가 좀 찾아와봐. 여기 와서 도와줘."라고 말하며 서로 협동한다. 그러다 "어? 왜 안 되지? 우리 이렇게 해볼까?" 하면서 더 좋은 방법을 생각하기도 한다. 이런 과정을 거치면서 창의적인 생각이 자라나고, 재능 발달로 이어질 수 있다. 그렇기 때문에 어린 시절의 '놀이'를 굉장히 중요하게 생각해야 한다.

소위 가성비를 생각했을 때, 용인민속촌이나 과천과학관과 같은 곳에 가면 전시관 관람도 하고 다양한 체험 활동을 할 수 있다. 넓은 초록 잔디밭에서 뛰어놀며 소규모 동물원에서 여러 동물도 구경하며 반나절 이상을 보낼 수 있다. 물론 아이를 데리고 다니느라 부모는 손이 많이 가겠지만 아이들에게는 더 가치 있는 시간이 된다. 과연 어떤 것이 아이의 기억에 더 남을까?

미국 거주 시절, 남편은 주말이면 빠짐없이 큰아이를 데리고 아침 산책과 오후 산책을 하였다. 세발자전거를 태우고 나가 동네 한 바퀴를 크게 돌았다. 공원에서 아이를 풀어놓고 모래놀이를 마음껏 하게 해 주었고, 철봉과 그네를 타면서 신체 놀이를 하게 했다. 남편과 우스갯소리로 3년의 그 놀이 시간 덕에 큰아이가 사회성도 좋고, 창의적인 생각을 하는 아이로 자란 것 같다고 말한다. 엄마들의 퀄리티 타임을 위해 실내 시설도 가끔 이용할 수도 있다. 하지만 웬만하면 아이들이 야외에서 자연적 요소들과 함께 정서적 성장을 하게 해 주자.

가족과 함께 한 다양한 체험은 아이에게 좋은 기억을 선물한다. 부모와 함께하는 체험은 아이 정서에도 좋은 영향을 미친다. 다양한 체험을 통해 아이들은 다양성과 포용성, 사회성도 지닐 수 있다. 우리 어른들이 생각한 것 이상으로 아이들은 체험 장소에서 많은 것을 보고 느낀다.

아이는 쉬면서도 자란다

최근에 캠핑족이 늘어나면서 캠핑문화가 확산되고 있다. 캠핑지에 사람들이 꼭 하는 활동이 있는데, 그것은 바로 '불멍'이다. 불멍을 해보지 않은 사람이라도 한 번쯤은 이 단어를 들어봤을 것이다. 그냥 불보면서 멍때린다의 앞글자를 따서 '불멍'이라고 부른다. 캠핑에 가서화로대에 장작불을 피워놓고 멍하게 있는 것을 의미한다. 불을 멍하니 보고 있으면 마음에 안정이 오고, 아무 생각 없이 무념무상의 상태를 사람들은 잠시나마 즐긴다.

나 또한 캠핑장에서 불멍을 해 봤을 때 불을 바라보며 조용히 있으니, 머리가 쉬는 느낌이 들었다. 그 누구도 옆에서 말하지 않고 그 시간을 고요히 보내고 있었다. 그만큼 어른들 또한 일상생활 중에 바쁘고 쉴 틈 없이 돌아가는 가운데 멍때리며 조용한 휴식 시간이 필요했던 것이다.

실제로 뇌가 휴식을 취하는 순간, 속된 말로 '멍때리는 순간' 활성화되는 부위가 있다.

바로 'DMN(Default Mode Network)'라 불리는 부위다. 잠깐이라도 아이의 뇌에 휴식할 시간을 줘야 창의력과 문제해결능력을 발휘할 수 있다. 그런데 아이의 뇌는 TV와 태블릿, 스마트폰 등 각종 디지털 기기로 인해 제대로 쉬지를 못한다. 흔히 아이들이 영화를 보거나 게임을 할 때 휴식을 취한다고 생각한다. 하지만 뇌는 그 순간마저도 바쁘게 움직이고 있다. 즉, DMN이 활성화될 시간을 주지 않는 것이다.

대치동 아이들은 방학 때가 되면 더욱 살인적인 스케줄에 시달린다. 쏟아지는 방학 특강과 다양한 프로그램에 엄마들은 몇 달 전부터 방학 시간표 세팅에 머리가 아프기 시작한다.

어른들은 아이들이 집에서 멍때리고 빈둥거리고 있으면 집중력이 부족하고 시간을 허투루 보낸다고 여긴다. 방학 때가 되면 어디라도 보내서 뭐라도 배워오기를, 또는 시간 때우다 오기를 바라는 마음도 이해는 간다. 하지만 아이들이 집에서 여유롭게, 스케줄 없이 있다 보면 심심해 하면서도 그 시간을 어떻게 보낼지 스스로 고민해 보게 된다.

그러다 보면 책장에서 책을 꺼내 보기도 했다가 스스로 놀이를 만들어 보기도 하고 스케치북에 그림을 끄적여 보기도 한다. 서랍장에 있는 레고나 블록도 꺼내서 놀기도 했다가 지루해지면 또 다른 놀잇감을 찾곤 한다. 엄마는 중간중간 무심하게 책 또는 놀이재료들을 아이 눈에 잘 보이는 곳에 슬쩍 놓아주기만 하면 된다.

엄마 눈에는 아이가 빈둥거리고 멍때리는 것같이 보이지만 그 시간 가운데 아이는 머릿속에 끊임없이 뭔가를 생각하고 어떻게 놀지를 창작해 낸다.

아이의 뇌는 무언가를 발견하기 위해 강제로 쥐어짜기보다는 아무 목적 없이 놀도록 내버려 둘 때 훨씬 자유롭게 활동한다. 아이의 뇌는 긴장이 없는 편안한 환경에서 다른 모드를 억제하지 않아도 되기 때문에 창의력이 더 잘 발휘될 수 있다. 실제로 아이들을 자유롭게 내버려 두고 시간을 충분히 줬을 때 창의적인 활동을 볼 수 있었다.

박스와 빨래집게로 만든 미식축구게임　　종이박스로 만든 곤충표본

　나는 교육 일번지 대치동에 살면서 최대한 학원을 보내지 않기 위해 노력 중이다. 그렇게 결심하게 된 이유 중의 하나가 아이들의 '시간적 여유'를 확보해 주고 싶어서이다. 학업을 위한 학원뿐 아니라 예체능 학원이라 할지라도 셔틀을 타고 수업을 들으러 오고 가는 것 자체가 에너지를 쓰는 것이다. 엄마 입장에서도 학원을 챙겨 보내는 것도 신경 써야 할 부분이다.

　시간 맞춰 준비시키다 보면 엄마도 긴장하고 있어야 하는데, 반대로 스케줄 없이 집에 있다 보면 엄마 또한 여유가 생긴다. 그러다 보면 자연스레 아이에게 책 한 권이라도 더 읽어주게 되고 이런저런 이야기도 함께 할 수 있게 된다.

　아이들은 놀면서도 자라지만, 쉴 때도 자란다. 멍때리기야말로 아이들에게 꼭 필요한 시간이다. 어른들도 일부러 명상하는 시간을 가지며 생각의 꼬리를 끊어내는 연습을 한다. 돈 쓰고 시간 들이면서 뺑뺑이 학원 돌리기에만 급급해 하지 말고, 시간 철철 넘치는 여유로운 분위기 가운데 아이에게 뇌의 휴식을 갖게 해 주자. 과부하가 되지 않도록 잠시 전원을 내릴 때 아이는 더 편안해지며 재충전하는 시간이 될 것이다.

내가 버릇처럼 사용했던 놀이템 Tip!

1. 재활용품

집에서 손쉽게 구할 수 있는 휴지상자, 휴지심, 종이박스, 달걀상자, 페트
병 등을 활용해 보자. 아이 앞에 슬쩍 내밀면서 "이걸로 뭘 만들어볼까?
같이 한번 해 볼까?"라고 제안해 보자. 오리고 붙이고 색칠하면서 나만
의 장난감을 만들어 볼 수 있다. 아이의 창의력을 마음껏 표현해 볼 수 있
는 시간을 만들어 주자.

2. 기념일을 적극 활용

우리 집에서는 광복절, 할로윈, 부활절, 크리스마스 등의 기념일에 놀이
이벤트를 한다.
3.1절이나 광복절에는 태극기 모양을 같이 만들어 보며 순국선열들을 기
린다. 관련 도서를 같이 읽어보며 그날의 의미를 설명해 주면서 활동 시
간을 갖는다. 아이들에게도 특별한 기억으로 지금까지 남아 있다.

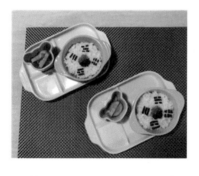

3.1절을 맞아 아이들과 태극기 밥 만들기 활동 　부활절을 기념하여 계란 꾸며보기

Halloween day(할로윈) 호박랜턴 만들어보기

5장

⋮

독서 버릇:
아이의 인성과 지성을 키우는 독서

◇ 1 ◇

책을 좋아하는 아이 vs 영상을 좋아하는 아이

남편은 늘 책을 가까이한다. 책을 늘 곁에 두던 시부모님 밑에서 자라서 그런지 남편 또한 어린 시절부터 책을 많이 읽고 책을 좋아하는 아이였다. 밖에서 뛰어노는 것보다 어떨 때는 집에서 책 보는 게 더 행복했다고 말하는 걸 보면 남편에게 책은 친구 같은 존재였다. 대학에서도 전공 특성상 책을 많이 읽어야 했고, 결혼 후에도 남편의 독서 시간은 일상 중의 하나였다. 그래서 그런지 남편은 책뿐만 아니라 신문 기사나 어떤 글을 보든지 빠른 시간에 완독하고 글의 핵심을 빨리 파악한다.

어느 날 남편은 나에게 "예전만큼 책이 눈에 빨리 안 들어오고, 잘 읽히지 않네."라고 말했다. 스마트폰에 익숙해지고 대부분 화면으로 글을 접하게 되면서 그런 것 같다고 이야기했다. 최근에 뉴스나 기사를 신문으로 읽는 사람은 거의 드물다. 스마트폰을 통해 다양한 뉴스와 여러 가지 정보를 언제 어디서나 검색할 수 있기 때문이다.

아이들 또한 마찬가지다. 스마트폰 게임과 유튜브 영상에 익숙해지면서 활자를 점차 읽지 않아 글을 이해하는 데 어려움을 겪고 있다.

부모들에게 묻고 싶다. 책을 좋아하는 아이로 키우고 싶은가? 아니면 영상을 좋아하는 아이로 키우고 싶은가? 대부분은 책을 좋아하는 아이라고 말할 것이다. 나 또한 그렇다. 근데 실상은 어떠한가? 일단 엄마인 내가 편해지기 위해서 영상을 던져주고 있지는 않은가?

영상은 일단 쉽고 재미있고 자극적이다. 애써 읽을 필요도 없고 생각할 필요도 없다. 화면은 금세 아이들의 혼을 빼놓을 만큼 다채롭고 눈을 떼지 못할 정도로 장면들이 빠르게 바뀐다. 아쉽게도, 아이들이 TV나 태블릿과 같은 미디어 매체에 익숙해지면, 책을 좋아하기는 힘들다.

우리집은 큰아이가 5세 때까지 집에 TV가 없었기 때문에 영상을 보여줄 일이 없었다. 주말에 가끔 아이에게 PC로 영어 DVD를 보여줬던 적은 있다. 당연히 30분 내로 시간제한을 두면서 말이다. 매일 밤 엄마와 책 읽는 시간에 비중을 크게 두고, 영상을 보는 시간은 일주일 한 번 정도였다. 엄청난 계획을 세우고 그렇게 했다기보다는 어린 나이부터 책과 더 친숙했으면 하는 마음에서였다. 아이에게 책을 읽으며 생각하고 상상하는 즐거움을 먼저 충분히 느끼게 해 주고 싶었다. 그렇게 몇 년을 책과 함께 보내다 보니 아이는 책이 주는 즐거움을 몸소 느꼈다. 일방적인 소통이 이루어지는 영상에 크게 매료되지 않는 이유이기도 하다.

요즘 교육 트렌드로 자리 잡은 태블릿을 이용한 학습 방법에 있어서 나는 다소 회의적이다. 물론 장점도 있다. 아이의 순간적인 호기심을 끌기 쉽고, 다양한 자극을 이용하여 집중력을 높일 수 있다는 면에서는 말이다. 그럼에도 불구하고 영상에 빨리 노출됨으로 인해 생기는 단점을 넘어설 수 없다. 3~7세 나이의 아이에게는 득보다 실이 많다는 게 나의 생각이다.

독일 뇌질환 연구자인 만프레드 슈피처 박사는 "디지털을 통해 무언가를 배우거나 익히는 것은 마치 화이트보드에 잠깐 낙서해 놓았다가 지우는 것과 같다."라고 말한다. 뇌에 흔적을 남기지도 못하고 오랜 기억으로 자리 잡아 더 큰 사고력으로 발전하지 못한다는 것이다. 그런데 문제는 초등학교 입학 전부터 아이들이 디지털 기기에 너무 강하게 구속되어 있다는 점이다. 또한 영상에 중독된 아이들이 늘어나고 있다.

유치원에서도 영상을 학습의 도구로 사용하는 경우가 많다. 유튜브를 학습의 목적으로 검색해서 보여주기도 하는데, 이때 무분별하게 노출되는 다른 영상들은 아이들을 자극하기에 충분하다. 아이들이 이런 자극적인 영상에 중독되는 것은 시간문제다. 그러다 보면 생각지 못하게 아이와 실랑이를 벌이기도 한다. 아이가 좋아하는 캐릭터의 영상이나 흥미로운 장면이 나오면 보고 싶어 하는 게 당연하지 않은가? 어른도 검색 중에 관심이 가는 영상이 나오면 자연스럽게 클릭해서 보게 되는데 자기 통제력이 약한 아이들은 어떨까? 엄마한테 더 많은 영상을 보여 달라고 떼를 쓰기 시작한다. 영상으로 인한 전쟁이 시작된 것이다.

오은영 박사는 한 프로그램에서 "미디어 시청이 많은 아이에게 일단 태블릿과 핸드폰을 퇴출하라."라고 이야기한다. 영유아시기에 아이는 사회적 지침을 따르는 '순응'의 과정을 먼저 배워야 한다. 그런데 책보다 영상에 먼저 노출되고 영상을 더 좋아하는 아이는 이 '순응'이 힘들다. 영상의 엄청난 자극을 이미 맛보았기 때문이다. 반면 책과 먼저 더 가까이 한 아이는 영상을 보더라도 부모의 지침에 순응하는 것이 수월하다. 우리 집 아이들이 영상을 아예 안 본다는 것은 아니다. 보더라도 짧은 시간, 제한된 시간 안에서 시청하고 바로 끝낼 수 있는 '조절 능력'이 있다. 이게 바로 책을 먼저 접한 아이들이 가질 수 있는 강력한 무기가 아닐까 싶다.

작은아이가 다니고 있는 대치동의 유명 영어 학원 원장님과 상담한 얘기를 해볼까 한다. 초등학교 입학 후에 영어에 노출되는 시간이 짧다 보니 영상으로라도 집에서 영어를 접하게 해주고 싶었다. 실제로 작은아이 친구들도 집에서 영어로 된 영상을 보고 있었다. "원장님, 아이에게 영상을 보여주면 영어 공부에 도움이 되겠죠?"라고 질문했다. 원장님은 단호하게 "어머니, 영상보다는 웬만하면 CD나 책을 많이 듣고 읽게 해주세요."라고 답했다. 영상은 아무래도 화면에 더 집중하다 보니 듣기에 온전히 집중이 안 된다는 이유에서였다. 20년 이상 대치동에서 수많은 유치원생, 초등생을 지켜본 교육전문가의 조언을 잘 생각해 봐야 한다. 영상이 재미를 느끼고 흥미를 끌기에는 장점이 있지만, 본질적인 교육의 효과에 대해서는 잘 생각해 봐야 한다.

우리 아이들은 책을 정말 좋아한다. 요즘 표현으로 '책에 진심'이다. 하교 후 집에 와서 손을 씻고 바로 책을 읽으면서 휴식을 갖는다. 책이 어렵고 재미없고 학습으로 여겨지는 것이 아닌, 쉼을 주는 편안하고 재밌는 놀이 친구이다. 영유아기의 아이들에게 무엇보다 중요한 것은 창의력과 사고력을 기르는 일이다. 그리고 그 능력의 많은 부분은 독서에서 비롯된다.

아이들에게 책의 즐거움을 충분히 알고 느끼게 한 뒤에, 미디어에 노출해야 한다. 영상에 아예 노출을 안 시킬 수는 없지만, 최대한 그 시기를 늦추자는 것이다. 학습적인 목적이라 할지라도 영유아기 때에는 태블릿 전자책보다는 종이책을 더 적극적으로 활용하는 것이 좋다. 그래야만 자극적이고 순간적인 영상의 즐거움에 빠지지 않을 수 있다. 영상을 활용하더라도 부모의 노하우가 있어야 한다. 유튜브보다는 정해진 영상물만 시청할 수 있는 DVD 플레이어를 활용하는 것도 좋은 방법이다. 이것이 책을 좋아하는 아이로 만드는 첫 단계이다. 어린 나이에 자연과 교감하고, 친구와 뛰어놀고 디지털 기기에서 벗어나 책을 가까이하면서 자라도록 부모가 옆에서 도와주자. 건강한 정서를 가진 아이야말로 분명 이 시대에 경쟁력 있는 아이가 될 것이다.

2

TV랑 스마트폰은 메가급 방해꾼

미디어가 발전하면서 스마트폰이 초등학생한테도 필수품이 되어버린 시대가 왔다. 스마트폰이 유행하면서 비롯된 사람들의 모습은 어느덧 익숙해진 지 오래다.

주말에 가족과 함께 나들이를 가보면, 유아부터 초중고생에 이르기까지 스마트폰을 넋 놓고 보고 있는 모습들을 자주 보게 된다. 또 어린 아이들끼리 모여 스마트폰 속의 영상을 들여다보고 있는 모습도 쉽게 볼 수 있다. 아이들이 어른들 대화를 방해하거나 시끄럽게 하면 부모는 아이를 통제하는 방법으로 스마트폰을 쥐여주곤 한다. 평소에 제지하던 게임을 일시적으로 허용하거나 유튜브 영상을 틀어주기도 한다. 시끄럽고 산만했던 분위기는 한순간에 조용하게 바뀐다. 스마트폰의 효과가 굉장하긴 하다.

다르게 생각해 보면 그만큼 스마트폰의 영향이 크고 무시무시하다는 것을 반증하는 것이다. 오늘날 아이들이 어린 시절부터 스마트폰에 중독된 이유이기도 하다.

애플의 창시자, 스티브 잡스가 생전에 아이패드를 출시한 뒤에 기자와 인터뷰를 했다. 인터뷰 끝에 마지막으로 기자가 이런 질문을 던졌다고 한다. "집에서 아이들이 아이패드를 좋아하겠네요?"라고 묻자 스티브 잡스는, "글쎄요. 모르겠네요. 왜냐하면, 아이들한테는 사용해 본 적이 없거든요."라고 답했다. 모두가 예상치 못한 답변이다. 자신에게 어마어마한 부를 안겨다 준 이 디지털 기기의 사용을 왜 정작 스티브 잡스 자신의 아이에게는 제한시켰던 걸까? 스티브 잡스가 어린 자녀들에게 스마트폰을 주지 않은 과학적인 이유가 있다.

스마트폰에 중독된 뇌와 중독되지 않은 뇌의 뇌파 검사 결과는 놀랍다. 스마트폰에 중독된 아이의 뇌는 후두엽 기능만 활발하다. 스마트폰에 중독될수록 뇌의 다른 영역을 쓰는 전두엽 기능은 저하되면서 시각적 자극을 처리하는 부분(후두엽)만 활성화되고 있다는 것을 알 수 있다.

조성우 정신의학과 전문의는 "유튜브를 보는 아이의 뇌에서 벌어지는 일에 대해 경각심을 가져야 한다."라고 경고한다. TV나 유튜브는 보고 듣기만 하고 반응할 필요가 없는 일방향성 의사소통이기 때문에 어린아이에게는 더 치명적이라는 것이다.

또한 독일의 저명한 뇌 과학 전문가인 만프레드 슈피처(Manfred Spitzer) 박사는 자신의 책 『디지털 치매』에서 초등학교 이하의 아이들에게 스마트폰을 안겨주는 것이 아이들의 뇌세포를 파괴하고, 이후의 학습 능력과 정서 능력, 자기통제 능력을 상실하게 하는 위험한 행위임을 경고한다. 그에 따르면 디지털 기기와 미디어는 교육 효과가 거의 없다는 것이다.

어른들도 동영상으로 강의를 보거나 공부할 때면 일정 시간은 공부에, 그리고 중간중간 웹 서핑을 하거나 다른 관심 있는 영상을 보곤 한다. 어른도 이런데 하물며 자기통제가 힘든 초등학생 이하의 어린이들은 오죽할까? 학습적인 효과를 기대했다가 오히려 영상 중독에 빠지는 결과를 초래할 가능성이 크다.

인간의 뇌는 디지털이나 미디어에 대한 말초적 반응에 의해서가 아니라 신체 운동이나 사람과의 교감, 새로운 환경에 적응하면서 발달한다. 비인격적인 디지털 기기의 지나친 사용은 결국 깊은 사고를 불가능하게 한다.

　미국 거주 시절 우리 집에는 TV가 없었다. 날씨와 환경이 좋아 다양한 야외활동이 가능한 엘에이(L.A.)에서 TV를 보는 시간은 킬링타임(killing time)이라 생각했다. 남편의 로스쿨 선배가 본인이 쓰던 TV를 준다고 했는데도 받지 않았다. 우리 식구는 낮에는 최대한 아이와 함께 바깥 놀이를 했고, 해가 저물어 집에 오면 아이와 함께 책을 읽으며 시간을 보냈다. 아마 TV가 있었으면 심심한 타국에서 한국 드라마를 다시 보기 하면서 시간을 보냈을지도 모른다.

저녁 시간에 아빠와 책 읽기 시간을 갖는 큰아이

그로부터 몇 년이 지난 지금, 돌이켜 보면 그때의 결정이 아이의 미디어 의존습관 대신 독서 습관을 만들어 주었다. 어릴 때 습관이 정말 중요하다는 것을 느낀 적이 있다. 아이들이 할머니 집이나 친구 집에 놀러 가서 TV를 보게 되는 경우 30분 이상 보는 경우가 드물다. 먼저 엄마에게 와서는 "이제 그만 볼래요."라고 말한다. 아이의 뇌에 어떤 작용을 해서 그만 보고 싶은 생각이 드는지 이론적으로 설명하기는 힘들다. 어쩌면 익숙하지 않은 매체의 노출에 편하지 않은 느낌을 받아 어느 순간 스스로 'stop'을 외치는 게 아닐까 싶다. 미디어에 대한 자기 통제 능력을 가지게 된 것이다.

부모라면 누구나 스마트폰, 아이패드, 태블릿 같은 스마트 기기를 두려워한다. 우리의 어린 시절에는 없었던 어마 무시한 녀석이 나타났으니 어떻게 해야 할지도 잘 모르겠다. 기존의 TV나 닌텐도 게임기와는 차원이 다른 존재이기 때문이다. 덕분에 생활이 편해진 점도 물론 있지만 스마트 기기에 중독되면 답이 없다. 디지털 기기의 중독성은 학업뿐만 아니라 부모와의 관계에서도 치명적이기 때문이다. 스마트 기기를 필사적으로 제지하는 부모와 부모의 눈을 피해 영상을 보고 게임을 하려는 아이와의 대립과 갈등을 주변에서 숱하게 보았다. 뇌에 미치는 부정적인 영향은 말할 것도 없다.

스마트한 디지털 시대에 태어난 아이들이기 때문에 현실을 부정할 수 없다면 최대한 디지털 환경 안에서 지켜주는 것이 부모의 역할이다. 어떤 부모들은 "어차피 학년이 올라가면 스마트폰 쓰게 될 텐데, 그냥 지금 사주려고 해요."라고 말한다. 그렇다면 왜 굳이 갈등의 화근이 되는 것을 일찍 들이려고 하는지 묻고 싶다. 좋지 않은 것은 최대한 뒤로 미루는 것이 좋다. 초등학교 이전의 아이에게는 스마트 기기와 친해지지 않도록 최대한 멀리해야 한다. 3~7세 아이에게는 스마트 기기 말고도 그 시기에 접하고 배워야 하는 것이 많다. 디지털 기기로 인해 그 중요한 배움의 기회를 놓치지 않았으면 한다. 그 시기에 부모의 지혜와 노력이 더욱 필요하다.

3

엄마의 꾸준함이 빛을 발하는 순간

영유아기 자녀를 둔 부모라면, 어린 시절부터 독서습관 잡기에 노력을 기울일 것이다. 특히 엄마들 사이에서 '책 육아'는 하나의 트렌드로 자리 잡은 지 오래다. 서점에는 책 육아에 관한 서적들이 넘쳐나고, SNS에는 '#책육아스타그램'이 인기 해시태그로 등장할 만큼 엄마들 사이에서 주목받고 있다.

방학 기간에 동네 도서관을 가보면 아침 일찍부터 책을 읽기 위해 온 엄마와 아이들이 많이 보인다. 가족들의 인원수대로 가입한 독서 대출 카드를 활용해 책을 잔뜩 대출해 가는 모습을 보면 책 육아를 위해 열심히 애쓰는구나 싶은 생각이 든다. 그만큼 학업과 독서 두 마리 토끼를 잡기 위한 엄마들의 열정이자, 결국 독서가 답이라는 여러 전문가의 조언에 영향을 받은 것이다. 자녀 교육에서 어느 정도 성과를 낸 부모들은 하나같이 입을 모아 얘기한다. 영유아기 때부터 독서에 힘을 쓰고 무조건 책을 많이 읽히라고 말이다.

나 또한 미국 거주 시절, 동네에 영유아 대상 교육기관(학원)이 없어서 집에서 해 줄 수 있는 것이 책 읽어주기 뿐이었다. 영유아시기에 다른 사교육보다도 책 육아에 힘써야 한다는 생각이 강했다. 책만 있으면 되니 가장 손쉬우면서, 적은 비용으로 최대의 효과를 낼 수 있으니 가성비 최고였다.

큰아이가 5살이 되던 해 우리 가족은 한국으로 돌아왔다. 그 당시 작은아이가 생후 한 달밖에 되지 않았기 때문에 쉬운 상황은 아니었지만, 몸이 회복되고 나서부터는 3년 동안 하루도 빼먹지 않고 지켰던 것이 있다. 바로 아이가 잠들기 전에 한 시간씩 책 읽어주기였다. 저녁 8시부터 9시까지 매일 같이 유아 소파에서 책을 읽어주었다. 그 시간에 작은아이가 방에서 혼자 밤잠을 잤기 때문에 가능했던 일이다. 만약 수면 교육이 제대로 되지 않아 엄마가 옆에서 같이 누워서 재우거나 안아서 재워야 했다면 불가능했을 것이다. 작은아이 수면 교육의 최대 수혜자는 아마 큰아이일지도 모른다. 책을 읽어주다가 꾸벅 꾸벅 졸 때도 있고 눈꺼풀이 무거워 내려앉는 날도 많았다. 그런데 습관이라는 것이 엄청난 힘을 가지고 있어서 하루라도 그 의식을 치르지 않으면 무언가 빼먹은 것 같고 찜찜한 기분이 들었다. 심지어 며칠 여행 갈 때도 캐리어 안에 몇 권의 책을 꼭 챙겨갔을 정도니 말이다. 아이도 그 습관이 오랜 시간 몸에 배서 여행지에 가서도 자기 전에 책을 가져와 읽어달라고 했다.

미국에 있던 3년 동안 한 시간까지는 아니지만 자기 전 10~15분 정도 같이 그림책을 보며 이야기를 해주고 서로 교감하는 시간을 가졌다. 그리고 프리스쿨(preschool)에 들어가기 전에는 아이와 도서관 또는 집 앞 서점에 가서 함께 시간을 보내는 것이 일상이었다. 타지에 있다 보니 친구도 많지 않고 가족도 없었기 때문에 서점에서 우리 둘만의 진한 플레이데이트 시간이 넘치도록 많았다.

미국의 유명 대형서점인 반스앤노블(Barnes & Noble) 안에는 서적과 음반, 장난감 등이 같이 판매되고 있었다. 서점 안에는 스타벅스도 입점되어 있어서 반나절은 충분히 보낼 수 있었다. 같이 책을 보다가 기차 테이블에서 놀기도 하고, 레고(Lego) 놀이도 했다가 간단히 점심 먹고 또 책 읽는 식의 루틴이었다.

서점에서 책 골라보는 큰아이　　　　서점 안에서 기차테이블 놀이

　돌이켜 보면 미국의 서점은 아이에게 편안하고 즐거운 환경을 만들어 주는 곳이다. 글자를 아직 읽을 수 없는 아이가 자리에 가만히 앉아서 엄마와 책 읽기는 불가능하다. 대신 책의 표지를 보고 만져보고 뒤집어보기도 하는 하나의 '놀이'인 셈이다. 어린아이들이 이렇게 '놀이'로 책과 친숙해질 수 있게 해주는 최고의 장소이다.

　서점 직원들도 아이가 책장에 가지런히 꽂힌 책을 다 뽑아서 내려놓아도 찡그리거나 나무라지 않고 오히려 웃으면서 "You like that book?"(그책을 좋아하는구나?)라고 농담 섞인 말을 건넨다. 그런 분위기 덕분에 부담 없이 언제든 아이를 데려가서 책을 같이 구경하고 읽어주며 시간을 보냈다. 정작 그곳에서 책을 구매하는 엄마들은 많지 않았다. 대부분 나와 비슷한 생각으로 아이를 데려와서 책과 함께 시간을 보내고 떠나는 분위기지만, 누구 하나 눈치 주지 않는다. 엄마와 아이가 그곳에서 마음껏 시간을 보내며 아이가 책과 친해질 수 있게 해 준 그 서점에 감사한 마음이다.

독서 습관을 위한 교육 또한 일찍 시작하는 것이 좋다. 깨끗한 하얀 바탕에 그림이 더 선명하게 잘 그려지듯이, 때 묻지 않은 어린 시기에 습관을 들여야 더 잘 녹아든다.

우리 아이들의 독서 습관을 잡기 위해서 나름의 노력과 눈치작전을 썼다. 외출할 때면 늘 에코백 또는 책가방에 책을 몇 권씩 챙겼다. 틈틈이 시간이 나면 책을 읽게 하기 위함이다. 아이도 책이 있으니 심심할 틈이 없고 어른들의 모임에 가서도 조용히 기다릴 수 있는 놀잇감이 되어 주었다.

그리고 일주일에 한 번씩 도서관에서 24권의 책을 빌려오는 루틴을 빼먹지 않았다. 유치원 하원 후에 아이와 함께 방문해서 1시간 정도 독서를 하고, 원하는 책을 스스로 골라서 빌려보도록 하였다. 큰아이가 5세가 되던 해부터 지금까지 8년 동안 같은 도서관을 빠지지 않고 매주 가고 있으니 내가 아이를 키우면서 꾸준히 지켜온 육아법 중 하나이다.

아이의 독서 습관을 위한 나의 팁(tip)을 나누고 싶다. 간식을 먹으면서 독서를 즐기는 아이의 패턴을 파악한 후로는, 아이가 유아 소파에 앉아서 책을 고르려고 하는 것 같으면 우유나 사과, 귤과 같은 쉽게 집어먹을 수 있는 간식을 쓱 내밀어 준다. 좋아하는 간식을 먹으면서 책을 읽으니 그 시간을 더 즐거워하고 더 오랜 시간 진득하게 앉아서 독서 타임을 가졌기 때문이다. 그리고 독서하고 있는 시간이나 어떤 일에 집중하며 놀이를 하고 있을 때면 급한 일이 아니고서는 말을 걸거나 절대 흐름을 끊지 않았다. 우리 어른들도 자신이 어떤 일을 하고 있을 때 옆에서 방해하면 흐름이 끊기듯, 아이들도 그들만의 시간을 존중해 주어야 한다.

간식을 먹으며 책 읽는 큰아이

큰아이는 아침에 눈 뜨자마자 자기 소파에 앉아서 책을 읽으며 하루를 시작한다. 학교를 다녀와서 간식을 먹으면서 또 책을 보고, 저녁 먹고 나서 쉬면서 또 독서를 한다. 책을 많이 읽는 날도 있고, 장난감으로 노느라 조금 적게 보는 날도 있지만, 평균적으로 1~1.5시간 정도 독서 시간을 스스로 가진다.

아직은 초등학생이니 마음껏 책을 읽을 수 있는 환경을 만들어 주고 싶다. 고학년으로 갈수록 학업 때문에 책 읽을 시간이 없다는 것이 육아 선배들의 공통적인 얘기이다.

이 시기에 우리 아이가 독서의 즐거움을 마음껏 누리기를 바란다.

세상에 공짜로 얻어지는 것은 없다. 아이에게 가장 좋은 방법으로 독서 버릇을 만들어 주고 싶다면 아이를 잘 관찰한 후 최적의 방법으로 꾸준하게 끌고 나가자. 노력의 결과물은 반드시 나온다. 아이와 함께 조금씩 만들어 가는 독서 버릇은 아이에게 줄 수 있는 최고의 선물일 것이다.

4

방학을 활용하는 꿀팁

요즘 '체험학습'이란 말을 많이 쓴다. 자유롭게 여행하거나 박물관, 과학관, 역사관 등을 가는 것을 말한다. 초등학교에서도 체험학습을 미리 신청하면 출결로 인정해 주기 때문에 학교 친구들도 체험학습을 많이 다녀온다. 방학 기간에는 아이들이 좋아할 만한 전시회의 전문 안내원 수업이나 박물관마다 다양한 체험 프로그램이 기획되어 있다. 인기 있는 전시회의 경우 조기마감되기도 한다. 엄마들은 방학이 가까워지면 그 기간을 어떻게 알차게 보낼지를 고민하며 검색에 손이 바빠지기 시작한다. 좋은 체험 프로그램이 많은 것에 감사한 마음이다.

나 또한 큰아이가 유치원에 다녔을 때, 여름과 겨울에 있는 3주 방학이 다가올 때면 마음이 바빠졌다. 9시에 등원해서 3시에 하원하는 일정을 대신해 그 시간을 어떻게 보내야 할지 엄마라면 당연히 고민이 된다. 방학 보내기에 대한 해답과 아이디어는 결국 우리 아이로부터 찾아낼 수 있다. 그리고 그 아이디어는 바로 '책'이다.

아이가 평소에 책을 읽으면서 특별히 더 관심을 보였거나 흥미로워 했던 주제가 있으면 그것을 기억해 두었다가 관련된 전시 또는 프로그램이 있는지 검색해 보자.

사람이 모든 것을 경험할 수 없기에 먼저 경험한 사람이 자기 생각이나 경험을 친절하게 정리해 준 것이 바로 '책'이다. 책은 큰돈 들이지 않고 인생의 지혜를 배울 수 있는 훌륭한 도구다. 실험하는 책, 유명인의 이야기, 동물이나 식물에 관한 책, 놀이책 등을 읽으면서 특별히 어떤 것에 관심을 갖는가? 좋아하는 주제가 있다면 같은 주제로 다양한 출판사에서 나오는 여러 가지 버전을 읽어 보는 것도 좋은 방법이다. 좋은 전시가 있다면 그곳에 관해 아이와 같이 이야기를 나눠 보는 것도 좋다. 덤으로 목표가 생기니 그 주제에 대해 더 몰입해서 책을 보게 된다.

우리 아이들은 자연 관찰 책 중에 게를 특히 좋아하고 직접 게를 잡아보고 싶어 했다. 그래서 남편과 계획을 세워 바로 실천에 옮겼다. 아이들과 함께 가기 좋은 서해안의 갯벌을 찾아가 우리 네 식구는 게도 잡고 미역도 캐고 갯벌 밭에 발을 담갔다.

아이들 또한 책에서 봤던 갯벌 친구들을 직접 보고 만지니 시간이 어떻게 가는지 모를 만큼 즐거워했다. 자신이 원하는 것을 같이 선택했기 때문에 더 적극적으로 참여했다. 또한 아이들의 체험을 더 기억하게 해 주고 싶어 아이들이 읽었던 책을 같이 챙겨가기도 했다.

체험 후 아이들은 모래밭에서 책을 보며 자신이 채집한 갯벌 친구들과 책의 그림을 비교해 보기도 하고 한참을 들여다본다. 이후에 식당에 가서는 여느 때와 같이 음식을 기다리는 동안 가방 속에 노트와 색연필을 꺼내 든다. 아이들은 자연스럽게 가장 기억에 남는 순간과 동물을 노트 위에 그리면서 엄마와 아빠에게 설명해 준다. 아는 만큼 보인다는 말이 있듯이 책에서 나온 내용과 비교하면서 더 많이 체험하고 느낄 수 있다.

갯벌체험 후, 관련 서적과 그림 그리기로 마무리

특히 방학 중에는 아이들을 대상으로 다양한 체험 프로그램이 마련
되어 있다. 그중에 하나가 도슨트 프로그램이다. 아이가 지도 선생님
과 함께 전시를 관람한 후에 그림 그리기와 체험활동 등을 하면서 전
시 내용을 정리하는 커리큘럼이다. 소요 시간은 1시간 30분 전후로 엄

마들은 아이를 맡겨 놓고 기다리면 된다. 이런 프로그램을 몇 차례 이용해 본 적이 있는데 분명 장단점이 있다. 체계적으로 전시를 관람할 수 있는 장점이 있지만, 아이의 자율성이 떨어질 수 있다는 단점이 있다. 앞장에 지나친 플레이데이트가 독(毒)이 된다고 얘기한 것과 비슷한 맥락이다.

체험 프로그램에서는 한 그룹당 4명 정도의 아이들이 관람한다. 프로그램은 다 같이 관람을 하기 때문에 제한된 시간에 정해진 순서에 따라 진행된다. 아이가 더 보고 싶은 전시물이 있어도 시간 관계상 순서에 맞게 움직여야 하는 단점이 있다. 아이와 엄마가 함께 관람했다면 아이의 관심과 선호도를 충분히 반영하며 관람을 할 수 있을 텐데, 조금 아쉽다. 각각의 장단점이 있으니, 엄마가 적당히 조율해서 상황에 맞게 활용하면 된다. 아이의 성향을 고려하면서 말이다.

아이는 책을 통해 다양한 간접경험을 하며 자신이 좋아하는 것을 발견하기도 하고, 관심 분야가 만들어지기도 한다. 그 관심 분야를 전시회로 경험했을 때의 시너지 효과는 실로 엄청나다. 우리 어른도 평소에 좋아하던 가수나 연주자의 음악을 음반으로만 듣다가 실제 공연장에서 그 사람을 직접 마주하면 기분이 어떤가? 연주자의 공연을 직접 들었을 때의 감동은 몇 배가 되고, 팬심은 더 커질 것이다. 아이에게 있어서 전시회는 그런 기회이다. 아이가 더 큰 꿈을 가지고 더 넓은 사고를 할 수 있도록 다양한 기회의 장(場)을 만들어 주자. 아이의 생각 그릇은 점점 더 확장될 것이다.

박물관을 관람 중인 큰아이, 작은아이

박물관 도슨트 프로그램에 참여하는 아이들

책이 곧 아이의 머릿속 세계를 만든다

'책 속에 길이 있다.'라는 말이 있다. 분명 길이 있다. 같은 책을 읽어도 읽는 사람에 따라서 다르게 느끼고 본인의 삶에 다르게 작용한다. 그래서 좋은 책을 잘 골라 봐야 한다. 데카르트는 "좋은 책을 읽는 것은 과거의 가장 훌륭한 사람과 대화하는 것과 같다."라고 말한다. 빌 게이츠가 소크라테스와 대화할 수 있다면 자신이 가진 것을 모두 내놓을 수 있다고 말한 것처럼 현인들과의 대화는 그만큼 소중한 가치가 있다.

빌 게이츠뿐만 아니라, 누구나 '책'을 통해서 그런 대화가 가능하다. 그 사람의 생각이나 행동을 배우고 싶다면, 그 사람이 쓴 책을 읽는 것이 가장 자세하고 정확하게 배우는 방법이다.

훌륭한 사람들의 이야기는 아이에게 꿈과 목표를 심어준다. 아이는 저절로 위인들이나 성공한 사람들의 이야기에서 자신의 진로를 볼 수 있다. 우리 집 큰아이의 경우, 윤봉길 의사에 관한 책을 읽으면서 느낀 점이 많다고 한다.

특히 '장부가 집을 떠나면 살아서 돌아오지 않는다.'라는 문구가 기억에 남는다며, 윤봉길의 비장함이 느껴졌다고 한다. 감사한 마음과 함께 어떤 순간에도 포기하지 않는 마음을 가져야겠다는 생각이 들었다고 한다.

한 권, 두 권 역사책을 접하면서 큰아이는 뜨거운 애국심이 생김과 동시에 순국선열들과 한국사에 대한 관심이 부쩍 늘었다. 큰아이는 그 이후로 전쟁기념관, 현충원, 서대문형무소, 천안 독립기념관 등의 명소와 박물관을 다니면서 책에서 봤던 내용을 더 실질적으로 보고 들을 수 있었다. 아는 만큼 보인다는 말이 있듯이 책에서 나온 내용과 비교하면서 더 많이 체험하고 느낄 수 있다.

작은아이는 아직 초등학교 저학년이라 관심 분야가 뚜렷하게 보이지는 않는다. 대신 책을 읽고 나서 책에서 읽은 내용을 응용해 놀이를 만들어 보고 본인이 직접 만화를 만들어 보기도 한다.

모든 것을 경험해 볼 수 없는 아이에게 책은 아이들의 호기심과 흥미를 만들어 주고, 생각의 회로를 만들어 준다. 책을 통해 다방면의 지식이 쌓이면 그 지식 사이에 연결고리가 생기면서 새로운 것도 금방 흡수한다. 생각의 고리는 점점 더 다양하고 멋지게 발전하여 아이의 호기심과 지적 능력을 발전시킨다.

그뿐 아니라 책은 한 사람의 인생을 바꿔 놓기도 한다. 깊은 감명과 동기를 심어주기 때문이다. 성공한 사람들의 전기를 읽으며 내가 닮고 싶은 롤모델을 갖게 된다. 그리고 그 롤모델을 보면서 미래를 꿈꿀 수도 있다. 위인들은 어려운 환경에서도 큰 꿈을 품었다. 험난한 역경을 딛고 일어나 다른 이들이 도전하지 못한 일을 결국 해낸다.

아이들은 그들의 삶을 보면서 감동을 받기도 하고 꿈이 생기기도 한다. 그리고 앞으로 어떤 모습으로 살아야 하는지도 생각해 볼 수 있다. 큰아이는 다양한 역사책을 읽으면서, '그 당시에 나라면 어떻게 했을까? 그 상황에 이러했으면 더 좋았을 텐데….'라고 상상을 한다. 때로는 공감하기도 하면서 안타까운 마음을 표현한다.

또한, 책을 많이 읽으면 지식이 쌓일 뿐만 아니라 사람에 대한 이해도 깊어진다. 책을 읽다 보면 이야기에 나오는 인물의 성격, 말투, 습관, 문제 해결 능력 등 다양한 인간의 특성을 간접 경험하게 된다. 상대방이 느끼는 감정, 그리고 살면서 기본적으로 지켜야 할 규칙이나 예의에 대해서도 생각해 볼 기회가 된다. 굳이 잔소리처럼 어른에게 존댓말을 써야 한다고 매번 얘기하지 않아도 아이는 책을 통해서 그 이유를 알 수 있다. 책에서는 다양한 사건과 인물을 통해 인간이 기본적으로 갖춰야 할 도덕과 규범에 대해서도 다뤄지기 때문이다. 책 덕분인지 우리 집 아이들은 특별히 가르친 적이 없지만 자연스럽게 부모와 어른들에게 존댓말을 쓰게 되었다.

이처럼 책은 아이의 머리와 마음속에 생각을 심어주고 방향을 제시해 준다. 부모가 모든 것을 다 알려줄 수 없기에, 아이는 책을 통해서 스스로 방법을 알아가고 지식을 습득해 간다. 지성뿐 아니라 인성에도 책이 미치는 영향은 분명 크다. 책은 아이에게 다양한 것을 생각해 볼 기회를 주고, 격려해 줄 수 있는 도구인 셈이다.

지나친 사교육이 독서 버릇을 망친다

사교육비로 인한 고충을 토로하는 기사를 본 적이 있다. 초등학교 6학년 딸을 둔 워킹맘은 건강 문제로 회사를 그만두려다 말았다. 매달 200만 원씩 나가는 학원비 때문이었다. 이 밖에도 한국의 많은 학부모는 교육비로 인해 부담을 느끼고 있다.

교육비에 가정 경제가 흔들리는데도 엄마들은 한 살이라도 더 이른 나이에 학원을 보내 사교육을 시키려고 한다. 심지어 학원비를 대기 위해 부업을 하기도 한다. 사교육비에 지출을 많이 한다는 것은 단순히 돈의 지출만을 의미하는 것이 아니다. 학원에 보내는 시간을 생각해 봐야 한다. 학원 수업 시간뿐 아니라 오고 가는 시간, 그리고 학원

숙제하는 시간까지 고려해야 한다.

학원에서 보내는 시간이 늘어날수록 독서를 할 수 있는 시간은 상대적으로 줄어든다. 이것은 우리 아이들을 통한 실제 경험담이다. 예체능 학원이라 할지라도 학원을 하나 더 추가하는 순간 책 읽는 시간이 확실히 줄어든다. 큰아이와 작은아이 친구 엄마들을 만나면 입을 모아 하는 얘기가 있다. 책을 읽어야 하고 독서가 중요한 것은 알겠는데 책 읽을 시간이 없다는 것이다. 아이의 학원 스케줄을 들어보니 당연하다는 생각이 들었다. 영어학원, 수학학원 2~3개, 논술학원, 피아노, 체육학원, 그리고 학습지까지… 독서시간이 확보될 수 없는 시간표다.

비단 초등 저학년 때만 해당되는 것이 아니다. 사교육 일번지로 불리는 대치동에서 엄마들의 교육열은 매년 더 고조되는 느낌이다. 큰아이 때만 해도 영어유치원을 6세에 많이들 보냈는데, 작은아이 때는 대부분 5세부터 보내는 추세였고, 최근에는 4세부터 시작해야 하는 분위기로 점점 더 조기교육의 시기가 빨라졌다.

"영어는 어릴수록 효과적이에요. 아이들은 금방 배운다니까요."
"지금부터 서두르지 않으면 늦어요."

"남들은 영어유치원에 사고력 수학도 시키는데 불안해 죽겠어요."
라고 말한다.

영어 교사로 영유아들을 가르치는 일을 하고 있지만, 가끔은 엄마들의 지나친 사교육에 마음이 불편한 것도 사실이다. 부모들이 어릴 때부터 가장 신경 쓰는 것이 영어이고, 그 마음을 어느 정도 이해한다. 영어유치원에 다니는 친구들과 사교육을 조장하는 분위기가 어쩌면 엄마들을 더 두렵고 불안하게 만드는 것이 아닌가 싶다. 영어가 분명 살아가는 데 필요한 것은 맞지만, 영유아기 때 영어보다 더 중요한 것은 한글과 독서이다.

수능 만점자 30인의 인터뷰를 바탕으로 공부 노하우를 정리한 책『1등은 당신처럼 공부하지 않았다』에서는 수능 만점자의 공통 습관 중 하나로 '독서'를 꼽는다. 특히 국어 공부의 노하우를 물었을 때, 수능 만점자 대부분이 독서를 일찍부터 시작하라고 권한다.

고등학교 때는 시간에 쫓겨 독서할 시간이 많지 않으므로 마음껏 독서할 수 있는 시기는 유치원, 초등학교 때이다. 이때 학원이나 사교육으로 시간을 뺏기면 독서의 기회를 놓치게 된다.

독서 논술학원이나 학습지와 같은 사교육의 힘을 빌려 독서를 가르치려는 학부모도 있다. 부모들은 아이들이 스스로 책을 읽지 않기 때문에 어쩔 수 없는 최후의 방법이라고 하소연한다. 그렇다면 더더욱 학원을 줄이고 책의 재미부터 알 수 있도록 도와줘야 한다. 책 읽는 습관을 형성시키는 데 가장 좋은 시기가 영유아와 초등학교 때이다. 학년이 올라갈수록 학업량과 친구, 컴퓨터게임, 스마트폰, TV, 태블릿 등 더욱 강렬한 재미와 자극 때문에 독서와 멀어질 수밖에 없기 때문이다.

대치동에서 조기 사교육의 현실을 매일 접하다 보니 안타까운 마음이 들 때가 많다. 유치원 하원 후, 간단히 간식 먹고 바로 영어학원, 수학학원, 논술학원에 들어가는 아이들을 쉽게 볼 수 있다. 어린 나이에 고생스럽다는 생각이 들면서 그 시간에 독서하는 것이 아이의 두뇌와 정서 발달에도 더 좋을 텐데 하는 아쉬움이 든다.

나 또한 두 아이를 대치동에서 키우면서 왜 사교육의 유혹이 없겠는가? 어떤 과목이든 잘하면 좋으니까 하는 욕심에 주 1회 학원 수업을 하나 추가하는 순간, 독서 시간이 확연하게 줄어드는 것이 보였다. 아이도 느끼고 옆에서 지켜보는 엄마 또한 체감된다.

그뿐 아니라 학원에 가는 것 자체가 여유 있는 시간을 방해하기 때문에 마음 편히 독서를 할 수가 없다. 학원 셔틀을 타든 걸어가든, 이후에 학원 일정이 있다는 것만으로도 일단 긴장해야 한다. 유치원 시절만이라도 시간 구애 없이 마음껏 책과 친해질 수 있는 시간을 확보해 줬으면 한다.

우리는 큰아이가 5세가 되던 해부터 동네에 있는 사설도서관을 8년째 다니고 있다.

동네에 구립도서관이 있었지만, 접근성이 좋지 않아서 사설도서관을 과감히 등록했다. 학원수업료에 비하면 훨씬 저렴하기 때문에 크게 고민하지 않았다. 집에서 거리가 가까웠기 때문에 매일 같이 아이들과 함께 도서관에 가서 책을 읽고 빌려오곤 했다. 아이들도 책의 위치에 익숙해지면서 스스로 원하는 책을 골라 읽었고, 작은아이에게는 조용한 목소리로 읽어주기도 했다. 우리 아이들은 도서 대여 순위에서 1등을 놓쳐본 적이 거의 없다. 아이들은 자신의 이름이 적힌 순위표를 보면서 독서의 기쁨과 함께 뿌듯함을 동시에 느꼈다. 학원 대신에 독서를 선택했기에 가능했던 일이다.

도서관에서 스스로 책을 고르는 작은아이

　학원 수업과 숙제에 치이다 보면 아이들은 책을 가까이하고 싶어 하지 않는다. 그리고 엄마도 학원 공부에 치인 아이를 보면 짠한 마음에 보상의 의미로 유튜브 영상을 허락하기도 한다. 영유아 시기의 사교육을 단순히 학원 가는 것만으로 접근해서는 안 되는 이유이다. 결국 유아, 초등시기의 지나친 사교육은 아이의 독서 습관을 방해하는 요소이자 그 시기에 필요한 정서 발달을 놓치는 원인이 된다.

　많은 부모가 아이들의 독서 습관에 관심이 높은 이유가 무엇일까? 책을 통해 간접경험을 하고 지식을 쌓는 목적도 있겠지만, 궁극적으로 입시에서 좋은 결과를 내기 위함도 있다. 특히 SKY 수준의 명문대에 가려면 영어나 수학 문제 풀이에 대한 얕은 요령보다 독서의 몰입 경험이 무척 중요하다.

몰입 독서 경험이 많은 아이들은 틈나는 대로 책을 보거나, 시간이 어떻게 지나는지 모르는 경험을 하곤 한다. 사람이 어떤 행위에 집중하며 그것을 반복하면 민감성 정보들이 누적되면서, 어느 순간 뇌 속에 네트워크가 형성되면서 사고가 상승한다고 한다.

이렇게 사고가 한 단계 높아진 아이들은 학원에 다니고 공부를 할 때 성적 향상이라는 결과를 얻을 수 있지만, 반대로 이런 과정 없이 정보와 요령만 배운 아이들은 일정 수준 이상의 성과를 내지 못한다. 그렇기 때문에 유치원, 초등학교 시절에 중요한 것은 학원에 다니며 독해나 연산을 빨리하는 능력을 키우는 것이 아니라 독서 습관을 통해 사고 수준을 높이는 연습을 하는 것이다. 영어 단어를 몇 개 더 외우고, 한두 학년 먼저 수학 선행을 한다고 해서 대학이나 사회에서 실력이 갖춰지는 것이 아니다.

사교육을 전혀 하지 말라는 이야기가 아니다. 단지 아이의 나이에 맞게 그 시기에 필요한 것을 적극 지원해 주자는 얘기다. 유치원, 초등학교 시기에 독서를 통해 공부 그릇을 먼저 길러주자. 또래 아이들의 선행학습에 불안해 하거나 두려워하지 말고 소신을 갖고 독서능력을 키우는 것이 아이의 평생 인생 밑천을 만들어 주는 가장 훌륭하면서도 저렴한 교육 방법임을 잊지 말자.

학습만화보다는 좋은 책부터 먼저

방학 기간에 동네 도서관을 가보면 아침부터 책을 읽으러 온 친구들이 많이 보인다. 엄마들도 아이에게 책과 친해지길 바라는 마음에 책을 골라주기도 하고 옆에서 읽어주기도 한다. 책상에서 책을 읽고 있는 초등학교 저학년, 고학년 친구들의 책을 보면 대부분 학습만화이다. 학습만화가 워낙에 인기가 많다 보니 우리 동네 도서관은 대출을 제한하고 도서관 내부에서만 열람할 수 있도록 해 놓았다. 도서관 초입부 명당자리에 꽂힌 수십 권의 학습만화는 너덜너덜할 정도로 아이들의 손을 가장 많이 탄다. 아이들은 눈을 반짝이며 정신없이 학습만화를 재미있게 보고 있다.

학습만화는 인물, 과학, 역사, 수학 등의 장르를 구분하지 않고 출간

되고 있다. 학습만화 시장은 어린이 독서 시장에서 꾸준히 성장하다가 COVID-19로 학교 수업이 원격 수업으로 대체되면서 폭발적으로 커졌다. 학교도 못 가고, 친구들과 만나서 놀지 못하는 아이들에게 심심함을 달래줄 수 있는 존재이기 때문이다.

엄마들 입장에서는 이런 현상이 반갑지만은 않다. 아이가 재미있어하니 학습만화를 읽히긴 하지만, 왠지 학습만화 때문에 다른 좋은 책과 더 멀어지는 것은 아닌지 걱정되기 때문이다. 학습만화를 계속 이렇게 읽혀도 되는지, 아니면 적당히 제지해야 하는 것인지 끊임없이 고민되기 마련이다.

과연 만화를 싫어하는 아이가 있을까? 아이들은 기본적으로 만화를 좋아한다. 만화는 이야기를 형형색색 재미있는 이미지로 만들어냈기 때문에 더욱 흥미롭다. 주인공의 표정과 몸짓, 그리고 재미있는 대사는 아이들을 몰입하게 만드는 만화의 묘미이다. 나 또한 어린 시절 만화를 종종 즐겨봤기 때문에 무조건 아이들에게 만화를 못 보게 하는 것이 과연 맞는 것일까 싶기도 하다. 하지만 아이가 만화만 즐겨 읽는다면 잘 생각해 봐야 한다.

지식 전달을 쉽고 재밌게 하기 위한 학습만화의 특성상 어려운 용어를 그대로 쓰기보다 해학적인 그림과 쉬운 말로 표현하게 된다. 만화에 나오는 문장은 대부분이 짧고 의성어 등이 많이 포함되어 있다. 그러다 보니 만화는 쉽게 읽히지만, 다른 종류의 책은 상대적으로 어렵게 느껴진다. 학습만화에만 지속적으로 노출되면 글을 읽는 힘을 잃게 되고 다시 만화만 읽게 되어 만화 중독에 빠지기 쉽다. 쉽게 읽힌다는 것은 그만큼 생각하지 않고 읽어도 된다는 뜻이다. 곧 독서를 통해 훈련될 수 있는 사고력이 생기기 힘들다는 것을 의미한다.

몇 해 전에 『공부머리 독서법』이 큰 화제가 되었다. 학습만화에 대한 학부모들의 고민에 있어서 저자는 해답을 제시해 주었다. 저자는 강력하게 "학습만화? 내다 팔아라."라고 말한다. 엄마들은 아이가 얕은 지식을 습득해 모르는 것을 안다고 착각하면서 학습만화가 꽤 값어치를 한다고 생각한다. 또한 학습만화라도 책을 읽었으면 하는 엄마들의 마음도 반영된 것이다.

학습만화는 음식에 비유하자면 마치 간식과 같은 존재이다. 앞장에서도 말했듯이, 간식을 먹음으로써 주식인 밥을 제대로 먹지 않는다면 어떻게 되겠는가? 물론 먹기도 편하고 달달한 간식류는 아이들의 입맛을 유혹하기에 충분하다. 하지만 간식만 먹다 보면 정작 식사를 제대로 하지 못한다. 학습만화도 마찬가지다. 어린 나이에 만화에 길들여지다보면 아이는 문장으로 된 좋은 책을 접하기가 어렵다.

　주식과 간식의 주객이 전도되면 안 되듯, 우리 아이들의 독서는 좋은 책들로 꽉꽉 채워 나가야 한다. 식사 버릇도 독서 버릇도 스마트 기기도 모두 같은 맥락이다. 나이가 들수록 결국 접하게 될 테니깐 그냥 어린 나이에 허용하자는 식으로 접근해서는 안 된다. 중독성이 있기 때문에 더더욱 그렇다. 학습만화의 장점이 분명히 있고, 그걸 통해서 책에 대한 친근함을 가질 수도 있다. 하지만 그로 인해 어린 시절에 책을 통해 얻을 수 있는 사고력과 상상력에 방해가 된다면 어떻게 되겠는가? 무엇이든지 시기가 있고 순서가 있다. 충분한 양의 책을 읽고 독서 능력을 키워야 할 시기에 아이들이 학습만화를 많이 읽고 있다면 경각심을 가지고 잘 생각해 봐야 한다.

　나 또한 우리 아이들에게 학습만화를 마냥 허용하지 않는다. 영유아 시기와 초등 저학년 시절에는 좋은 책을 충분히 읽고 책의 재미에 흠뻑 빠지게 한 다음에 가끔 학습만화를 보게 하였다. 간식처럼 말이다. 이미 아이들은 책이 주는 재미를 경험했기 때문에 학습만화를 보더라도 금세 또 다른 좋은 책으로 돌아오지 만화책에만 빠지지 않는다. 그 시기가 되면 가끔 학습만화를 허용해도 되겠지만, 그 전 단계에서는 의도적으로 조절을 해 줘야 한다. 필사적으로 책 읽어주기에 힘쓰며 아이들이 엄마와 책 읽는 시간에 재미를 느끼도록 해야 한다. 학습만화에 눈이 가지 않을 정도로 말이다.

학습만화도 만화일 뿐이다. 왜 특히 우리나라에서만 학습만화가 넘쳐나는 것일까? 공부에 도움이 되게 하려는 학부모들의 마음과 독서 수준이 높지 않은 아이들의 현실 때문에 일어나는 현상이라고 생각한다. 영유아기에는 이야기책에 흠뻑 젖어 독서의 진정한 재미를 느끼게 해 주는 것이 첫 시작이다. 아이에게 그 시기에 맞는 책들을 통해서 독서의 근성(근력)을 충분히 키운 후에 학습만화를 접하게 해도 늦지 않다. 아이가 재밌어한다는 이유만으로, 그리고 그렇게 해서라도 책을 읽게 하려는 마음에 학습만화를 마냥 허용해 줘서는 안 된다. 항상 강조하지만, 아이에게 부정적인 영향을 미치는 요소들은 최대한 나중으로 미뤄보자. 몇 년의 고생과 수고스러움 끝에 장기적으로 아이에게 소중한 자산들이 축적될 것이다.

내가 버릇처럼 사용했던 독서템 Tip!

1. 유아소파

독서 습관을 위해 유아 소파를 활용했다. 3세 때부터 지금까지 우리 아이들의 독서 습관을 만들어 준 일등 공신은 바로 유아 소파이다.

미국에 있던 시절에 사줬는데 초등학생이 되고 나서도 항상 여기에 앉아서 책을 읽는다. 거실에 놓인 큰 책장 옆에 유아 소파를 놓아주니 딱이다. 손 닿는 곳에 항상 책이 있으니, 우유를 마시면서도 책을 본다. 혼자서 책을 읽지 못하던 시기에는 아이는 소파에 앉고 엄마는 바닥에 앉아서 자기 전 또는 등원 전에 틈나는 대로 책을 읽어줬다.

높이도 딱 맞고 아이도 편해하니 이런 시간들이 쌓이고 쌓여서 지금의 독서 습관이 만들어졌다.

유아 소파에서 독서하는 아이들

2. 회전식 책장

도서관에서 빌려온 책을 앞쪽에 꽂아줌으로써 책에 흥미를 갖도록 만들어 준 회전식 책장이다. 새로운 책을 손쉽게 꺼내 읽을 수 있게 해준 아이템이다. 생각보다 많은 양의 책이 꽂혀서 장소 활용 면에서도 좋고, 아이들도 빙글빙글 돌아가는 책장에서 책을 고르는 재미를 느낀다.

회전식 책장에 새로운 책을 매번 앞에 배치

3. 세이펜

미취학 시기에 활용하기 좋은 아이템이다. 아직 한글을 깨치지 못했거나, 글읽기가 서툰 아이의 경우에는 책의 내용을 알기 어렵다. 이때 세이펜을 이용해 재미난 목소리를 들으면서 책을 읽는다면 책에 흥미를 느낄 수 있다. 또한 엄마가 옆에서 책을 읽어주는 것이 힘든 상황에서도 유용하다. 식사 준비를 하는 시간이나 바쁜 시간대에 활용해보자.

하지만 세이펜에만 의존해서는 안 된다. 엄마와 상호작용 하면서 책 읽는 시간이 주는 가치는 또 분명 다르기 때문이다.

6장

∵

엄마를 리브 웰(Live Well)하게 만드는 방법

육아라는 체력전을 이기는 법

미국에서 작은아이를 임신하던 시절, 출산 직전까지 임산부 요가 수업에 꾸준히 참여했다. 수업에는 백인 엄마들이 대부분이었고 동양인은 나 혼자였다. 20명이 넘는 임산부와 최근에 출산한 엄마들이 함께하는 요가 수업이었다. 산전 요가와 산후 요가의 동작들이 거의 비슷하기 때문에 선생님은 크게 구분을 두지 않고 같은 방식으로 출산 전, 후 엄마들을 이끌고 수업을 진행했다.

수업을 같이 들으면서 아직도 기억에 남는 장면이 있다. 출산한 지 얼마 안 된 엄마들이 신생아와 함께 수업을 듣는 모습이었다. 엄마들은 출산 후 변형된 몸과 틀어졌던 골격을 교정하기 위해 과감히 아이까지 데리고 와서 운동을 했다. 각자 준비해 온 담요 위에 신생아를 뉘어 놓고 요가 동작을 하나하나 따라 하면서 말이다. 너무 신기했던 건, 단 한 명의 아이도 울거나 보채지 않았다. 눈을 말똥말똥 뜨고 누워서 치발기 또는 공갈 젖꼭지를 물고 얌전히 기다리고 있었다. 대단한 광경이 아닐 수 없다. 아이들이 그 자리에 조용히 있는 것도 신기하지만, 신생아를 데리고 운동을 하기 위해 애쓰는 엄마들의 모습 또한 용감하고 존경스러워 보였다.

아이와 함께 산후요가 수업을 듣는 미국 엄마들

출산 후에 여성은 신체적으로 큰 변화를 경험하게 된다. 아이를 출산 했음에도 불구하고 뱃살은 임신 전처럼 빠져 있지 않고, 골반과 몸 골격이 전체적으로 벌어져 있다. 또한, 아이의 불규칙한 수면과 수유 시간으로 인해 엄마의 체력은 거의 바닥이다. 해가 갈수록 몸이 예전 같지 않다는 말을 엄마들로부터 많이 듣는다. 한 번 출산한 것과 두 번 출산한 것은 또 다르고, 세 아이를 출산한 육아맘들은 말할 필요도 없다.

아무리 내 자식이라도 내 몸이 힘들고 피곤하면 짜증이 나면서 날카로워질 수밖에 없다. 그래서 신혼 때에 깨가 볶는 부부들도 아이가 태어나는 순간부터 잠이 부족해 서로 예민해져서 부부싸움을 하기도 한다.

아이가 생기고 육아 전선에 뛰어드는 순간, 이제는 체력전이다. 엄마도 아빠도 자기 몸은 스스로 챙겨야 한다. 우리나라에도 미국처럼 임산부 요가 및 산후요가 프로그램이 많이 알려져 있다. 나의 경우 큰아이를 출산하고 60일 때부터 조금씩 운동을 시작했다. 산후요가를 시작으로, 출산 후 벌어진 골반과 몸 골격을 서서히 좁혀 주었다. 약해진 근육을 조금씩 단련시키고 운동량을 늘려가면서 출산 전 몸무게로 돌아갈 수 있었다.

그리고 작은아이 때는 회복의 속도가 더디었지만 6개월 안에 출산 전 몸무게로 돌아갔다. 단순히 체중을 원래대로 돌리기 위해서 운동을 하는 것이 아니라, 임신과 출산으로 큰 변화를 맞은 몸을 재정비하기 위해서이다. 아이를 돌보는 주 양육자에게 새로운 의무와 책임이 생긴 것이다. 엄마의 체력이 받쳐 줘야 아이를 온전히 잘 케어(양육)할 수 있기 때문이다.

운동은 단순히 신체 운동을 하는 시간만이 아니다. 아이와 육아로부터 벗어나 오롯이 나만의 시간이기도 하다. 큰아이가 초등학교 6학년인 지금도 일주일에 3번은 아침 운동을 하고 있다. 이 운동루틴을 20년 가까이 유지해 오고 있다. 가끔은 운동 대신 집에서 쉬거나 지인들을 만나고 싶은 마음도 있지만, 운동을 다녀오면 몸이 개운해지면서 확실히 활력을 얻게 된다. 운동이 삶의 일부분으로 자리 잡으면 누가 옆에서 말려도 가게 된다. 실제로 운동 습관이 몸에 배어 있는 사람은 운동 습관이 없는 사람에 비해 우울증에 잘 걸리지 않고 스트레스를 덜 받는다는 연구 결과가 있다. 또한, 운동을 해냄으로써 성취감과 만족감을 얻고 자존감을 높이는 효과가 있다.

『베이비 위스퍼 골드』에서는 부모의 행동이 아기의 뇌 회로를 바꿀 수 있다고 말한다. 예를 들어, 엄마가 우울하면 돌이 되지 않은 아기도 불안해 하고 주눅이 들고 잘 웃지 않는다고 한다. 즉, 기질과 성향이 환경의 영향을 받을 수 있다는 것을 보여준다.

엄마가 육아로 인한 스트레스로 힘들어하고 우울한 표정을 하고 있으면 그 기운이 그대로 아이에게도 전해진다. 육아가 어려운 것은 당연하다. 한 번도 해 보지 못한 경험에다 무조건 열심히 한다고 해서 되는 것도 아니다. 내 자식이기 때문에 열과 성을 다해 잘하고 싶기 때문에 더 힘들게 느껴지기도 한다.

어떻게 하면 행복하고 건강한 육아를 할 수 있을까? 우선 나의 몸과 마음을 스스로 잘 다스려야 한다. 자신에게 가장 잘 맞는 운동으로 스트레스를 조절해 가며 체력 또한 단련해 나가는 것이 중요하다.

엄마가 행복해야 아이도 행복할 수 있다. 엄마가 잠시나마 힐링의 시간을 갖고 충전된 에너지로 채워져야 아이에게 더 정성과 사랑을 쏟을 수 있다. 친정어머니가 됐든 시어머니가 됐든 부담스러워하지 말고 주변의 도움을 받아서라도 운동을 꼭 해 보자. 그리고 아이가 어린이집 또는 유치원에 입학하고 나서부터는 좀 더 유연하게 운동시간을 마음껏 가져보자. 그 시간만큼 우리의 체력은 점점 더 좋아지고 건강한 에너지로 채워질 것이다.

아이의 자존감만큼 엄마의 자존감도 중요하다. 내 몸이 건강해야 아이도 건강하게 양육할 수 있다는 것을 잊지 말자.

큰아이 출산 후 산후요가 수업에 참여

작은아이 아이 임신 기간에 요가하는 모습

루틴의 힘을 키우면 스스로 척척

내가 즐겨보는 프로그램 중 하나인 〈유 퀴즈 온 더 블럭〉에서 최인아 제일기획 부사장의 인터뷰 내용이 기억에 남는다. 그녀는 오래도록 일을 하면서 배우고 알아차린 점이 '태도가 경쟁력'이라는 것이다. 우리 안에는 다 각자 어떤 소양, 재능의 씨앗이 있다. 그 씨앗이 예쁜 꽃을 피우고 열매를 맺게 하는 힘은 바로 '태도'이다. 그는 '태도'가 여러 사람하고 같이 일을 할 때 정말 중요한 요소라고 말하고 있다.

사람의 습관이 곧 그 사람의 태도가 된다. 회사에 다른 직원들보다 항상 일찍 출근하는 습관을 지닌 사람의 태도는 어떨까? 누구나 그 직원을 보면 '근면, 성실한 태도를 가지고 있구나.'라고 생각한다. 그런 습관을 지닌 사람은 근태뿐 아니라 주어진 업무를 수행할 때도 성실한 태도로 임할 것이다. 우리 아파트 단지를 담당하는 택배기사님을 보면 항상 밝은 표정으로 주민들과 인사를 반갑게 나누며 즐겁게 일하신다. 반면 어떤 택배기사님은 인상을 찌푸리고 마지못해 일하는 모습이다. 어떤 기사님의 물건을 받았을 때 기분이 좋겠는가? 당연히 전자의 경우이다.

어린아이들도 마찬가지이다. 좋은 습관을 지닌 친구는 유치원에서도 친구와 선생님들의 관심을 더 받는다. 자기가 가지고 놀았던 장난감을 스스로 정리하는 습관, 식사 전과 후에 손 씻는 습관, 바른 자세로 식사하는 습관, 교실 안에서 지켜야 하는 규칙을 잘 따르는 버릇 등이다.

10년도 더 된 일이지만 우리 아이들의 신생아 시절 때로 거슬러 올라가 보자. 그때나 지금이나 내가 지키고 있는 것은, 아이들의 루틴을 함께 만들어가는 것이다.

신생아 시절부터 돌이 지나고 2~3세까지 아이들의 루틴은 정말 단순하다. 아침에 기상 후 수유(식사) 후에 놀고, 낮잠 자고, 또 먹고 자고의 반복이다. 일정 시간이 되면 먹고 자는 간단한 루틴에서 연령이 올라갈수록 하나둘씩 추가되는 아이의 생활 루틴이 생긴다. 어린이집이나 유치원을 다니면서 등원 시 스스로 옷 입기, 양말 신기, 하원 후 가방 제자리에 놓기, 식사 후 식판 정리 등이다. 작은 행동부터 하나씩 아이들이 스스로 하는 버릇을 들여놓으면 그것이 아이의 루틴이 된다. 아이가 까먹고 못 한다면 반복해서 알려주고 가르쳐줘야 한다. 아이의 루틴(버릇) 만들기 또한 첫술에 배부를 수 없다. 계속 일러주고 배우게 해야 한다.

초등학교 6학년, 3학년인 우리 아이들은 일정한 생활 루틴이 있다. 아침에 알람이 울리면 스스로 일어나 드림렌즈를 빼고, 혼자서 머리를 뒤집어서 감고, 매일 아침 배달되는 어린이 신문을 읽으면서 식사를 기다린다. 아침 식사 후에는 옷을 스스로 입고 양치를 하고 학교 갈 준비를 한다. 이것이 우리 아이들의 아침 루틴이다. 가끔 다른데 정신이 팔려서 놓칠 때도 있지만 대부분 알아서 잘하는 편이다.

아침 기상 후 씻고 나서 어린이 신문을 읽는 모습

혼자서 알아서 잘하는 아이라서 루틴을 지키는 것은 절대 아니다. 수년간의 학습으로 인해 아이의 몸에 밴 루틴이 된 것이다. 영유아기 때부터 반복적으로 학습되어 그것이 습관이 되면 곧 생활의 루틴이 된다. 큰아이의 루틴을 잘 다져 놓으면 작은아이는 자동이다. 보고 배우는 것만큼 효과적인 교육 방법은 없기 때문이다.

우리 아이들은 하교 후에 집에 오면 가방 정리를 하고 손을 씻은 후, 읽고 싶은 책을 30분 정도 본다. 그것이 습관이 되어서 하교 후 루틴이 된 것이고, 반면 스마트 기기를 보는 것이 습관이 된 아이는 집에

오면 영상을 보거나 게임을 할 것이다. 습관처럼 말이다.

어떤 루틴을 만들어 주냐에 따라서 아이의 미래가 달라질 수 있다. 앞장에서 다룬 것처럼 아이의 식사 버릇, 수면 버릇, 독서 버릇, 놀이 버릇 등은 부모들의 훈육 방향에 따라서 긍정적 또는 부정적으로 형성될 수 있다. 아이들의 다양한 버릇을 최대한 좋은 방향으로 만들어 줘야 한다. 아이에게 스스로 해볼 기회를 열어줌으로써 점차 아이의 습관이 되게 해보면 어떨까?

한 가지 예로, 도서관에서 매번 엄마가 책을 골라주는 아이는 스스로 책을 고르는 방법을 터득할 수 없다. 시간이 걸리더라도 아이가 책을 찬찬히 살피고 고민하면서 고르게 두었을 때, 자신이 고른 책에 대한 애착도 생긴다. 책이 어느 위치에 꽂혀 있는지를 스스로 파악하면서 말이다. 이처럼 스스로 책을 고르는 루틴을 만들어 주면 알아서 척척 책을 선택할 수 있는 능력이 생긴다.

식사를 준비할 때도 아이들이 간단히 할 수 있는 일에 동참시키는 것도 좋은 방법이다. 자신이 사용할 컵이랑 수저, 젓가락 정도는 직접 식탁에 가져다 놓게 하고, 식사 후에 그릇은 스스로 싱크대에 치우도록 연습시켜 보자. 아이들의 작은 손길이 엄마의 분주함을 조금이나마 덜어줄뿐더러, 아이의 식사 습관에도 분명 긍정적인 영향을 줄 것이다.

유치원에서 영어수업을 할 때도 학기 초에 수업루틴을 만들어간다. 수업 초반에 opening song(시작하는 노래)으로 시작하고 마칠 때는 ending song(마무리하는 노래)으로 마무리한다. 아이들도 시간이 흐르면서 수업의 루틴을 학습해 가며 스스로 습득해 간다. 주제와 관련된 활동 수업이 있는 날이면 수업 교구와 필기구는 아이들이 직접 정리하게끔 한다. clean up song을 부르기 시작하면 아이들은 '아 이제 정리할 시간이구나.'라고 알아차리고 분주하게 움직이기 시작한다. 수업의 루틴이 습관이 되어서 몸이 먼저 반응한다. 3세부터 7세까지 아이들의 루틴이 만들어지면 그것이 곧 습관이 되어 잘 따라온다. 이처럼 루틴의 힘은 실로 대단하다.

아주대학교 의과대학 정신과 조선미 교수는 힘든 일은 의지나 동기로 하는 것이 아니라고 말한다. 삶의 어느 루틴이 되어, 그냥 해야 하는 것이다. 식사 때가 되면 밥을 먹고 잘 시간이 되면 눕는 것처럼 말이다. 일정 연령이 되면 공부를 해야 하고 사회화 과정이 필요하므로 유치원에 가고, 초등학교에 입학하게 된다. 가기 싫어도 정해진 시간까지 등교해서 선생님이 하시는 말씀을 잘 듣고 단체생활을 해야 한다. 물론 힘든 과정이다. 기관에 가는 것이 늘 즐겁지만은 않기 때문이다. 그렇기 때문에 루틴이 습관이 되도록 부모가 옆에서 도와줘야 한다. 학습 또한 마찬가지다.

어린이집, 유치원에서도 방과 후 특별활동으로 영어수업 시간이 있다. 긴 시간은 아니지만, 수업 시간만큼은 바른 자세로 앉아 수업에 집중하는 것이 루틴이 되고 습관이 되어야 한다. 이런 습관이 잘 잡힌 아이는 초등학교에 입학해서도 편하게 학교생활을 할 수 있다.

아이가 스스로 자기의 일을 할 수 있는 힘을 키워줘야 한다. 어린 나이에 물론 쉽지는 않다. 그냥 부모가 나서서 먼저 해 주는 것이 간편하고 편할 수도 있다. 하지만 부모가 옆에서 다 해 주다 보면 아이는 스스로 자신의 루틴을 기억하고 습득하는 기회를 잃게 된다. 즉 습관 형성에 실패한다. 어려움이 있고 시간이 걸릴지라도 일상의 루틴을 아이 스스로 하나씩 체득하며 그것이 차곡차곡 쌓여 습관이 되어야 한다. 그러다 보면 어느새 자기 일을 알아서 척척 해나가는 아이로 성장해 가고 있을 것이다. 부모와 아이 모두 윈-윈(win-win)할 수 있는 전략이 될 것이고, 더 나아가 우리의 육아가 점점 편해질 것이다.

훈육과 믿음은 함께 가야 한다

나는 아이들에게 꽤나 엄격하게 영어수업을 진행하는 선생님이다. 규칙을 어기거나 다른 친구들을 불편하게 할 경우에는, 예외 없이 바로 잡고 간다. 그런데 그 바탕에는 아이들에 대한 애정이 있다. 부모들이 맡긴 아이들을 영어 몇 마디 가르치고 마는 것이 아닌, 아이들이 성장하면서 갖춰야 할 기본적인 규범을 배우게 한다. 선생님이 단지 엄격하기만 하다면 아이들은 금세 다 알아차린다. 본능적으로 아이들은 자신을 어떤 마음으로 대하는지를 알고 있다. 상대방이 나를 좋아하는지 싫어하는지를 말이다. 아이들도 나의 애정 어린 마음을 느끼는지 시간이 지날수록 선생님을 잘 따르고 수업을 좋아해 주니 감사할 따름이다.

아이의 버릇을 바로잡아 주겠다는 생각으로 규칙만을 강요한다면 어떻게 될까? 처음에는 어른의 명령에 따르는 것처럼 보이겠지만 시간이 지날수록 약발은 떨어진다. 아이와의 충분한 애착이 형성되고, 믿음이 바탕에 깔린 뒤에야 버릇을 잡아주는 훈육도 가능하다. 부모와 아이 사이의 애착이 형성된다는 것은, 아이의 성장 과정 중 중요한 요소를 만들어 주는 기본 바탕이 된다.

아이가 바르게 성장하기를 원하는 마음에서 훈육에만 집중한 나머지, 아이의 마음을 충분히 만져주지 못한다면 아이의 생각과 감정을 놓치게 된다.

지금까지 버릇육아의 방법과 노하우에 대해서 이야기했다. 어떤 사람들은 나의 이야기를 듣고, '아이를 정해진 틀에 가둬서 너무 엄격하게만 키우는 것 아닌가?'라고 생각할 수도 있다. 물론 아주 틀린 얘기는 아니다. 하지만 정해진 틀에 가둬서 키운다기보다는 정해진 원칙 안에서 양육한다는 표현이 더 맞을 것 같다.

아이가 부모를 어느 정도 어려워하고 부모의 말 한마디에 반응하는 것은 어쩌면 당연하다. 그러면서도 부모와의 애착과 친밀감은 반드시 같이 가야 한다. 애착이 없는 훈육은 처음에는 잘되는 것처럼 보일 수 있지만 분명 부작용이 있을 수밖에 없기 때문이다. 부모만큼 아이에게 사랑을 줄 수 있는 사람은 없다. 그렇기 때문에 부모가 훈육의 주도권을 가져야 한다고 거듭 강조한 것이다.

아이 또한 자신을 향한 엄마의 사랑과 믿음이 있기 때문에 혼나거나 꾸중을 들어도 '우리 엄마가 나를 미워하는구나. 나를 싫어하는구나.'라는 생각이 들지 않는다. 순간 속상할 수는 있지만, 시간을 갖고 자기 잘못을 생각할 수 있게 된다. 그러므로 주눅이 든다거나 자존감이 낮아지는 일은 없다. 훈육할 때는 엄격하고 확실하게 하되, 기본적으로 밑바탕에 깔려 있어야 하는 것은 사랑과 애착이다.

그럼, 애착과 친밀감을 만들어가기 위해서 우리는 어떤 노력을 할 수 있을까? 아이와 최대한 대화를 많이 하고 우리만의 토킹타임을 갖자. 부부 사이에도 대화가 없다면 상대방의 생각과 마음을 알 수 없고, 감정의 교감이 있을 수 없다. 아이와의 관계에서도 마찬가지이다.

아이의 마음을 알기 위해, 그리고 부모의 마음을 아이에게 전달하기 위해서는 '소통'이 되어야 한다. 아이를 혼내면서 의도치 못하게 아이의 마음에 상처를 줬다면 진심을 담아 사과해 보자. 또한 아이 앞에서 불가피하게 부부싸움을 하게 되었을 때는 이후에 화해하는 모습을 보여주며 아이의 마음을 살펴주어야 한다. 부부가 아예 다투지 않을 수는 없으니 말이다.

　우리 집의 경우, 식사 시간과 잠자기 직전이 골든 타임이다. 주중에는 남편의 일정으로 인해 힘들지만, 주말 저녁식사 시간에는 네 식구가 식탁에 둘러앉아 서로의 이야기를 주고받는다. 상황이 허락할 때는 네 식구가 거실에 둘러앉아 가정예배를 드리기도 한다. 한 주간의 삶을 돌아가면서 나누고 각자 기도 제목을 이야기한다. 큰아이와 작은아이의 장난으로 가끔 대화의 흐름이 깨지기도 하지만 아이들 또한 패밀리 타임을 기대하며 제법 진솔한 대화가 이어진다. 학교생활에 관한 이야기, 친구에 관한 이야기, 그리고 요즘 읽고 있는 책 이야기 등이다. 본인 이야기를 잘 들어주는 것만으로도 아이는 마음의 큰 힘을 얻는다.

　이런 식으로 각 가정의 상황에 맞게 우리 가족만의 루틴을 만들어 보는 것은 어떨까? 아이가 어떤 환경에서 본인의 마음을 가장 진솔하게 표현하는지를 잘 살펴보자. 그 시간과 장소를 찾았다면 엄마가 규칙적으로 만들어 주면 된다. 앞장에서도 이야기했듯이 그것이 루틴이 되고 습관이 되는 순간, 아이의 마음에는 부모와의 놀라운 애착과 믿음이 만들어질 것이다.

아빠와 엄마가 항상 자기편이라는 믿음과 본인 마음을 이해해 주고 들어준다고 생각되면 아이의 자존감은 자연스럽게 형성된다. 부모에 대한 무조건적인 믿음이 생기는 것이다. 우리 아이를 잘 살펴보자. 아이가 자기의 마음을 솔직하게 터놓는 타이밍 또는 환경이 있다.

어떤 아이는 자기 전 침대에서 엄마와 잠깐 누워 있으면서 마음을 터놓는다. 속상했던 이야기를 하기도 하고, 자기 마음을 털어놓기도 한다. 엄마는 공감해 주면서 들어주고, 위로와 조언을 해주며 다친 마음을 보듬어 줄 수 있다.

이처럼 올바른 훈육은 아이와의 믿음과 애착이 밑바탕에 깔려 있어야만 가능하다. 엄격한 엄마의 모습만이 아닌, 따뜻한 엄마의 느낌을 아이는 기억할 것이다. 소통이 충분히 이루어진 아이는 부모와의 애착이 잘 형성된다. 뿐만 아니라, 부모의 전적인 믿음과 지지는 아이의 내면의 힘을 키워준다. 아이 스스로 상황을 이겨내는 힘이 강해지고, 어떤 순간에서도 다시 일어설 수 있는 멘탈을 가지게 된다. 버릇육아는 단호한 훈육만으로 되는 것이 아닌, 충분한 사랑과 믿음이 함께할 때 가능한 것이다.

부모의 권위를 지켜라

"부모를 존경하지 않는다면 개나 말을 기르는 것과 무엇이 다르겠는 가?"라고 『논어』에서는 말한다. 최근 뉴스를 통해 들려오는 소식을 보면 부모뿐 아니라 교육 현장에서 교사나 주변 어른들에 대한 존경심이 점점 사라지고 있다. 부모나 교사를 폭행하고 막말을 쏟아내는가 하면 지나가는 어른이 충고나 잔소리를 했다가는 큰일 나는 세상이 돼버렸다. 부모에 대한 존경심이 떨어지게 된 이유는 무엇일까? 어쩌면 자녀를 자신들과 대등한 친구처럼 대함으로써 존경받기를 스스로 포기한 결과이기도 하다.

얼마 전 친구네 가족과 식사한 자리에서의 일이다. 6세 지혁이는 레스토랑에 들어와서부터 계속 심심하다고 투덜거리고 있었다. 엄마의 핸드폰으로 게임을 보여 달려고 징징거렸다. 우리 가족의 눈치를 살피던 친구는 가지고 온 작은 물총 장난감을 아이에게 쥐어 줬다. 아이는 조금 잠잠해지나 싶더니 물이 든 물총을 다른 테이블 쪽으로 쏘려고 했다. 주변 손님에게 물이 튀는 불상사를 막기 위해 친구가 차라리 자신에게 쏘라고 이야기를 했더니 아이는 정말 친구의 얼굴에 물총을 쏘았다. 이 모습을 보면서 엄마에 대한 존경심은 결국 우리가 아이를 어떻게 대하는지에 따라 만들어지는 것이 아닌가 싶다. 아이의 잘못된 행동에 대해 바르게 가르치는 것이 부모 역할이다. 아이의 기분과 상황에 따라 끌려가서는 절대 안 된다.

『똑똑한 아이를 둔 부모들의 7가지 습관』에는 흥미로운 통계가 나온다. 한국과 미국, 일본 학생들을 대상으로 그들의 부모를 존경하는지에 대해 물어본 것이다.

	한국	미국
아버지를 매우 존경한다	21%	66%
어머니를 매우 존경한다	23%	65%

설문조사 결과, 우리나라 보다 미국의 부모는 상대적으로 자녀로부터 더 존경받는다. 저자인 시치다 마코토는 요즘 교육의 가장 큰 문제점으로 아이들이 부모나 선생님을 존경하지 않는 것을 꼽았다.

"부모는 자녀의 잘못된 행동에 대해 따끔하게 지적해야 할 책임이 있다. 이 책임을 포기하면 자녀는 부모를 자신과 대등하다고 여기게 된다. 자녀들은 부모를 존경하지 않고 나아가 교사나 다른 어른들에 대한 존경심도 사라진다."라고 말한다.

특히 아빠의 권위와 설 자리가 중요하다. 예전 우리 부모 세대와 달리 요즘 가정 내에서 아빠의 권위가 많이 떨어진 것이 사실이다. 주변을 보아도 그런 가정이 많다. 육아를 다루는 TV 프로그램에서도 그런 분위기를 쉽게 볼 수 있다.

육아에 있어 아이를 훈육하는 과정에서도 엄마의 목소리가 지배적이다. 각자 다른 환경에서 자란 엄마와 아빠가 만나서 가정을 이루고 아이를 양육하다 보니 육아에 대한 생각 또한 다를 수밖에 없다. 엄마가 하지 말아야 할 행동 원칙을 정했는데 아빠는 그것에 따르지 않고 허용한다면 어떻게 될까? 그 반대의 경우도 마찬가지고 말이다. 이 또한 아빠의 권위를 떨어뜨리는 원인이 될 수 있다.

한 가정 안에서 훈육의 방향은 같아야 한다. 아빠와 엄마가 같은 목소리를 내야 한다는 뜻이다. 설령 집에서 아이를 주로 돌보는 엄마의 주도권이 크다 할지라도 아이들 앞에서는 아빠의 의견을 따라주는 척이라도 해야 한다.

우리 부부는 서로의 권위를 세워주려고 노력한다. 주말 계획을 정할 때도 남편은 엄마와도 얘기해 보고 정하자고 아이들에게 일러준다. 나 또한 아이들과 관련해 어떤 일을 정할 때 남편을 꼭 동참시켜 같이 결정한다. 그 과정 가운데 아이들 또한 엄마와 아빠 중 한 사람만이 아닌, 부모가 함께 결정한다는 것을 배울 수 있다. 그러면서 자연스럽게 엄마와 아빠 모두에 대한 존경심을 갖게 된다. 부모 중 한 사람이라도 소외되는 현상은 절대 바람직하지 않다.

설령 남편의 의견이 마음에 들지 않더라도 아이 앞에서는 최대한 감추고 있다가 나중에 남편과 단둘이 조율하면 된다. 아이들을 훈육하는 원칙에서도 남편의 동참과 지지를 끌어내면 된다. 우리 부부도 육아 원칙이 맞지 않아서 의견충돌이 있을 때도 있었지만, 서로 조금씩 맞춰가면서 지금까지 왔다. 주 양육자가 엄마이기 때문에 나의 목소리와 원칙에 무게가 쏠릴 수밖에 없다. 하지만 아이들 앞에서는 최대한 남편의 의견을 세워주고 아빠와 엄마가 한 팀이라는 생각을 심어주려고 한다. 또한, 남편이 퇴근하고 집에 들어올 때면 저녁을 먹다가도 아이들과 함께 현관문 앞에 나아가 인사하며 맞아준다.

아빠와 격 없이 친근하게 지내는 것과 존경심 없이 막 대하는 것은 전혀 다르다. 부모의 권위를 인정하고 격을 차리는 것은 절대적으로 필요하다. 즉, 함께 친밀하게 보내면서도 안 되는 일에 대해서는 강하게 선을 긋는 '권위'가 필수이다.

부모라면 반드시, 해도 되는 것과 하면 안 되는 것을 가르쳐야 한다. 또한, 아빠들도 육아에 적극적으로 동참함으로써 훈육의 주인이 되어야 한다. 그래야만 아빠로서의 권위와 집안에서 가장으로서의 위치를 지킬 수 있다. 특히 아들에게는 아빠의 권위가 훨씬 효과적이다. 어린 시절부터 아빠의 권위가 살아야 나중에 사춘기도 무사히 잘 넘길 수 있다. 나중에 갑자기 권위를 세우면 먹히지도 않을뿐더러 오히려 역효과가 날 뿐이다.

주변 지인의 가족은 고등학생과 중학생 연년생 형제를 키우고 있다. 어린 시절부터 지금까지 계속 만남을 가져오면서 아이들이 어떻게 성장했는지를 10년 넘게 지켜봐 오고 있다. 첫째 아이는 유치원 시절부터 다소 예민한 성향의 욕심 많은 아이였고, 둘째 아이는 형에 비해 순한 성향을 지닌 착한 아이였다. 첫째 아이가 초등학교에 입학하고 4학년쯤부터 사춘기가 시작되면서 부모는 아이와의 힘든 싸움이 시작됐다. 문제는 가정 안에서 아빠의 위치였다. 아빠는 그 집에서 왕따와 같은 존재였다. 아이들과 허물없이 잘 놀아주는 좋은 아빠였지만 아이들은 아빠를 가볍게 여기고 존경하는 마음이라고는 찾아볼 수 없다. 그 배후에는 엄마의 역할이 크게 작용한 것 같다. 엄마와 아들 두 명은 항상 똘똘 뭉쳐서 아빠의 흉을 보며 존재를 무시하는 가운데 엄마의 자리는 점점 커졌다. 그러다 보니 형제들은 사춘기를 제대로 이겨내지 못하고 여러 가지 크고 작은 문제를 일으켰다. 순하던 둘째도 형의 안 좋은 모습과 비슷하게 따라가고 있었다. 집에서 문제가 있으니, 학교생활도 원만하게 해낼 리가 없다. 아빠의 설 자리와 권위가 있어야만 집안의 질서가 건강하게 세워질 수 있다는 것을 느낄 수 있었다.

우리 집에서는 아이들에게 매년 아빠와 할머니, 할아버지 생신 때에 생일 카드를 쓰게 한다. 며칠 전부터 아이들은 정성껏 카드를 직접 만든다. 도화지를 접어 그림도 그리고 글을 써서 멋지게 완성한다. 8년째 이어오는 우리 집의 전통의식(tradition)이기도 하다. 아빠와 조부모에 대한 감사와 존경심을 1년에 한 번이라도 직접 글로 표현하는 것이 필요하다는 생각에서 시작하게 되었다. 학업에 쫓겨서 부모님의 생일조차 잊어버리고 그냥 대수롭지 않게 넘어가지 않도록 말이다. 직접 쓴 카드를 다 같이 모인 자리에서 읽음으로써 가정을 위해 늘 수고하고 애쓰는 아빠에 대한 감사를 잊지 않았으면 하는 바람이다.

좋은 버릇을 가진 아이를 만들기 위해서 엄마와 아빠의 코워크(co-work)는 상당히 중요하다. 훈육이나 아이 양육을 부모 중 한 사람만 담당한다면 그것은 좋은 방법이 아니다. 그렇게 되면 부모 중 한 사람은 가정에서 설 자리가 없고 소외될 수밖에 없다. 특히 아빠는 마치 돈 벌어 오는 기계처럼 여겨지는 경우가 많다. 아이의 마음속에 그런 생각이 혹시라도 있다면 그 원인은 엄마에게 있을 가능성이 크다. 아이들과 붙어 있는 시간이 많은 엄마의 생각은 고스란히 아이들에게 전해지기 마련이다.

아빠가 바쁘고 가족과 함께할 시간이 부족하다는 이유로 아빠의 존재를 무시해 버려서는 안 된다. 그럴수록 엄마가 나서서 아빠의 자리를 마련해 주고 세워줘야 한다. 아울러 엄마와 아빠는 훈육에 있어서 하나의 목소리를 내어 아이들이 혼란스럽지 않게 해줘야 한다. 훈육 원칙에 일관성이 없으면 아이의 올바른 습관 만들어 주기는 실패할 수밖에 없다.

큰아이가 직접 만든 할머니 생신축하 카드

아빠 생신을 기념하여 아이들이 직접 만든 카드

육아서를 육아코칭 멘토로 활용하라

육아서 전성시대다. 심리학자, 정신과 의사, 교육학자 등 여러 영역의 전문가들이 육아서를 통해 놀이 방법, 창의력 향상법, 독서법을 제안한다. 마음만 먹으면 어떤 주제로든지 관련된 육아 서적을 찾아 도움을 받을 수 있다. 아이를 양육하는 엄마라면 한 번쯤은 육아서를 읽어 봤을 것이다. 평소 책을 가까이하지 않던 사람도 엄마가 되면 답답한 마음에 육아서를 찾아보게 된다. 내 자식이니 잘 키우고 싶은 마음은 큰데 처음이라 아는 것이 없고 어떻게 해야 할지 모르겠으니 말이다.

큰아이를 출산한 2012년에는 육아서가 손에 꼽을 정도로 다양하지 않았다. 육아서의 바이블이라 불리는 『삐뽀삐뽀 119』, 『임신출산육아

대백과』는 부모의 필독서가 되면서 모든 소아청소년과에 필수로 비치되어 있을 정도였다. 친구들에 비해 이른 나이에 큰아이를 출산한지라 주변에 육아 조언을 받을 수 없었던 나는 책에 의존하며 도움을 많이 받았다.

조리원을 나와 막막하던 때, 육아서는 한 줄기 희망과 같았다. 어떻게 재워야 하는지, 어느정도 시간 간격으로 수유해야 하는지 모르는 것 투성이었다. 육아서를 보면서 이론적 지침을 알게 되었고 실제 적용해 보고 시행착오를 겪으면서 나만의 육아법을 터득했다.

특히, 『베이비위스퍼 골드』를 찬찬히 읽어 내려가며 내 아이에게 적용해 볼 수 있었다. 아이 식단에 대한 아이디어가 없을 때 관련 서적을 통해 큰 도움을 받기도 했다. 몇 년 사이에 다양한 육아서가 나오면서 우리는 평소 궁금했던 분야에 특화된 육아서적을 읽을 수 있게 되었다.

육아서를 읽는다고 해서 육아를 야무지게 잘하게 되고, 아이들을 바른길로 끌고 갈 수 있냐에 대한 질문을 듣는다. 반은 맞고 반은 틀린 말이다. 어떤 사람의 성공적인 경험담이 우리 아이에게도 잘 맞는다는 보장이 없을뿐더러, 아이에 따라서 다르게 받아들여 질 수 있기 때문이다. 하지만 아이들이 기본적으로 배워야 할 버릇에 있어서는 공통적으로 훈육이 들어가고 훈련이 필요하다. 아이가 커서 좋은 학교와 직장에 들어가고 말고의 문제가 아닌, 인생을 살아가면서 필요한 태도와 사회성, 인성을 만들어내는 과정이 어린 시절부터 필요하다는 것이다.

육아서를 읽으면서 고개를 끄덕이며 공감했던 부분이 책을 덮고 나면 어느새 잊혀지고 원래 '나'의 모습으로 돌아가는 것도 어쩌면 자연스러운 현상이다. 그렇기 때문에 육아서는 한 번 읽고 끝이 아니다. 생각날 때마다 나에게 필요한 육아서를 찾아 읽으며 수시로 '나'를 되돌아봐야 한다. 즉, 다시 마음을 다잡고 깨달음을 반복하면서 스스로 '나의 것'으로 만드는 과정이다.

큰아이가 초등학교 고학년이다 보니 사교육 일번지인 대치동에 몸을 담고 있는 것이 많이 버겁기도 하다. 소신을 갖자고 하면서도 나도 사람인지라 들리는 교육 이야기에 솔깃할 수밖에 없다. 그럴 때마다 육아서를 읽으며 지금 가고 있는 방향이 우리 아이에게 좋은 방법일 것이라는 확신을 갖게 된다. 스스로 마음을 다잡아 가는 것이다. 엄마도 누군가의 위로가 필요하고 조언이 필요하다. 책이 주는 위로는 친구와 남편이 주는 위로와는 또 다르다. 앞서 경험한 전문가 또는 선배 엄마들의 조언을 들으면 분명 도움이 된다.

육아서를 활용했던 방법 중 하나는, 도서관에서 여러 종류의 육아서를 빌려와 읽은 후, 마음에 와닿는 부분들을 따로 메모하는 것이다. 책 표지만 컬러복사를 하고, 기억에 남는 문장과 느낀 점 등을 타이핑해서 인쇄하였다. 이렇게 몇 년간 모은 파일은 나만의 육아서가 되었다. 생각날 때 종종 꺼내 보면서 다시 읽어보고 마음을 다시 재정비하는 시간을 가졌다.

육아서를 읽으면서 스스로 자책하거나 마음이 어려워질 필요는 절대 없다. 그 글을 쓰는 저자도 자신이 육아를 완벽하게 잘해서 책을 썼을까? 교육관계자나 정신과 의사의 자녀들은 그럼 다 바르게 성장했을까? 그런 경우도 있지만, 아닌 경우도 있다. 머리로 알고 있다 해서 그것이 다 내 자식에게 적용되지는 않는 법이니 말이다. 육아서를 읽으면서 복잡했던 머리와 힘들었던 마음이 정리가 되었다면 그것만으로도 충분히 훌륭하다.

육아 트렌드에 과민하게 반응할 필요도 없다. 가장 기본이 되는 것에만 충실하면 된다. 예전에 우리 부모님 세대에서 했던 것처럼 가정에서 부모가 기본적인 규칙에 대해서 알려주고, 실수하면 또 알려주고 그렇게 하면 된다. 단, 포기하지 않고 인내심을 가지고 말이다.

우리 아이의 부족한 부분들을 누가 채워줄 수 있을까? 바로 부모다.

부모가 관심을 가지고 자녀를 지지하고 이끌어 줘야 한다. 그러기 위해서는 엄마부터 공부해야 한다. 아는 만큼 보이는 법! 틈틈이 육아서를 보면서 아이디어를 얻어 보자. 좋은 육아서는 초보 엄마에게 최고의 육아 멘토가 되어 줄 것이다. 처음부터 육아를 잘하는 사람은 없다. 양질의 육아서를 통해 내 아이를 어떻게 양육할지를 고민하고 시행착오를 거치면서 결국 우리는 육아 전문가가 될 것이다.

엄마와 아이 모두 편안하게 만드는 버릇육아

최근 부모들의 육아 풍속을 알 수 있는 신조어들이 많다. 육아 전쟁, 독박 육아, 육퇴(육아 퇴근), 육출(육아 출근) 등 주변에서 쉽게 들을 수 있다. 부모들이 느끼는 육아의 고된 강도를 표현한 신조어들이 대부분이다. 즐겁다는 느낌보다는 어렵고 힘든 느낌을 담고 있다.

넘쳐나는 육아서적과 육아 콘텐츠를 다루는 유튜브와 TV 프로그램을 보면 한국 엄마들의 육아에 대한 관심뿐만 아닌, 필요도 크다는 것을 알 수 있다. 어쩌면 육아로 인한 어려움이 존재하고 누군가의 도움과 조언이 필요하다는 것을 의미할 수도 있다. 나 또한 친구들보다 조금 빨리 아이를 출산하면서 도움과 조언을 받을 수 없어 어려움이 많았다.

우리 부모 세대의 어른들은 말한다. 요즘 사회현상(풍조)과 아이들을 보면 본인들이 아이를 키울 때보다 지금이 훨씬 더 힘든 것 같다고 말이다. 예전 우리 때보다 아이들의 빠른 사춘기, 과도한 미디어 노출로 인한 부작용, 그리고 부모님이나 학교 선생님들의 권위 상실 등 말이다. 그로 인해 아이들을 둘러싼 수많은 사건 사고 소식이 끊이지 않는다. 이러한 현상을 처방하고 해결해 주는 전문프로그램이 큰 인기를 끌고 있고, 아이의 성향을 분석하고 상담해 주는 전문클리닉은 1년씩 기다려야 할 만큼 부모들의 수요가 많다.

우리 집 아이들은 신생아 시절부터 수면 버릇과 식사 버릇을 시작으로 3세 이후에 다양한 '버릇육아'를 했다. 아이를 잘 훈육해야겠다는 마음보다는 일단 내가 편하게 육아를 하고 싶은 마음에서 시작했다.

습관(버릇)의 중요성에 크게 관심을 둔 이유는 단순히 내가 살기 위함이었다. 큰아이가 돌이 안 되었을 때 갑상선 암 수술을 받고 회복한 지 며칠 안 되어 미국으로 출국했기 때문에 정말로 극한 상황이었다. 일단 내 몸을 추슬러야 했고 육체적, 정신적으로 컨트롤을 잘해야만 했다. 주치의 선생님도 출국을 앞둔 나에게 몸을 아끼고 절대 무리하면 안 된다고 신신당부했을 정도였다.

신기하게도 아이의 수면 버릇을 잘 잡아놓으니, 육아의 큰 부분이 해결되면서 몸이 편해지는 것을 경험했다. 그에 반해 입이 짧은 아이였기에 식사 버릇을 잡는데 엄청난 노력과 어려움이 있었다. 식사 버릇이 음식을 잘 먹고 덜 먹고의 문제는 아니다. 많이 먹지 않더라도, 정해진 시간에 정해진 식사 자리에서 스스로 먹을 수 있는 습관을 들이는 것이 먼저다. 그다음에 아이의 입맛에 맞춰 다양한 식단을 시도해 보면서 식사량을 늘리면 된다. 많이 먹이는 것이 목적이 되어서 영상을 틀어주면서 떠먹여 준다면 그것이 과연 좋은 식사 버릇을 만드는 것일까?

어떤 습관이 되었든 간에 부모의 권위를 잃지 않고 주도권을 아이에게 빼앗겨서는 안 된다. 한 가지 버릇 길들이기에서 아이의 기분을 맞춰주고 아이에게 끌려간다면 다른 버릇에서도 마찬가지로 영향을 받게 된다.

아이를 출산한 후에도 엄마인 나 자신을 소중하게 생각하고 아껴줘야 한다. 엄마도 자식에게 사랑을 줘야 하지만, 아이 또한 엄마에게 사랑과 존경심을 가져야 한다. 물론 자연스럽게 생길 수도 있겠지만,

그 또한 아이들에게 가르쳐야 한다. 아이가 잘 먹으면 보고만 있어도 배가 부른다고는 하지만, 맛있는 음식을 항상 아이에게 양보하지는 않는다. 일부러도 맛있는 음식을 우리 부부가 먼저 맛보고 아이들과 같이 먹는다. 그리고 가족외식을 할 때, 아이들에게 어떤 메뉴가 먹고 싶은지 물어보기도 하지만 우리 부부가 먹고 싶은 메뉴를 정하기도 한다.

직장과 생활의 균형을 맞춘다는 뜻을 가진 '워라밸'(work and life balance)이 중요시되는 것처럼, 육아에서도 엄마와 아이의 '균형'(balance)이 중요하다. 아이 위주로 모든 생활이 흘러가는 순간 엄마의 영혼은 고갈될 수밖에 없다. 엄마가 지치고 힘들어지면 고스란히 아이에게도 전달되기 때문이다.

아이를 편하게 해주기 위해서, 또는 아이가 원하는 대로 재워주고 먹여주고 스스로 할 수 있는 것들을 엄마가 하나하나 해주다 보면 엄마와 아이의 밸런스는 깨지고 만다. 아이가 스스로 할 수 있는 것을 하나둘씩 해 나가도록 연습시켜야 한다. 아이의 사회성을 위해서뿐만 아니라 엄마를 위해서도 말이다.

좋은 버릇들로 영유아 시기를 채워나가면 초등학교에 입학해서도 빛을 발하게 된다. 습관은 단편적으로 작용하는 것이 아니라 아이의 생활 전반을 다루는 힘을 가지고 있다. 거듭 강조하지만, 아이의 기질에 따라서 '버릇육아'를 하고 안 하고가 아니다. 기질의 차이는 있을 수 있지만, 기본수칙에 대한 훈육을 놓쳐서는 안 된다. 그리고 그 주체는 부모가 되어야 한다. 우리 아이를 가장 잘 아는 전문가이기 때문이다.

우리 아이를 사랑하고 믿어주는 가운데 '버릇육아'를 해 보기를 꼭 권한다. 포기하지 말고 원칙을 가지고 말이다. 아이를 진정 사랑하고 아이가 잘 성장하기를 바란다면 아이에게 좋은 버릇을 선물해 주는 것이 부모의 역할이다. 또한 '좋은 버릇'은 육아라는 장기전을 엄마가 지치지 않고 행복하게 달려갈 수 있게끔 해주는 원동력(힘)이 된다. 이왕 육아를 할 거라면 조금이라도 더 편하고 즐겁게 했으면 하는 바람이다.

엄마들이 육아를 하면서 자기 시간을 갖기를 원하고, 육아 스트레스로부터 조금이나마 자유로워졌으면 하는 마음이다. 육아는 무조건 힘들고 자기 자신도 돌보지 못하는 암흑기라는 인식에서 벗어나 조금은 편하게 생각할 수 있길 바란다. 엄마도 충분히 잠을 자고, 식사도 잘 챙겨 먹고, 틈나는 대로 운동도 하면서 말이다.

물론 힘든 순간이 수도 없이 찾아오지만, 우리의 마음 밭을 잘 지켰으면 한다. 또한, 습관의 중요성에 대해서 다시 한번 생각해 봤으면 한다. 어릴 때부터의 습관과 정서 발달이 중요한 만큼 다 같이 노력해 보면 어떨까? 엄마가 확고한 육아관을 가지고 내 아이를 믿고 꾸준히 연구하고 노력한다면, 분명 그 '믿음'만큼 아이는 잘 따라와 줄 것이다. 내 아이를 가장 사랑하고, 가장 잘 아는 '엄마'이기에 우리는 분명 잘할 수 있다. 모든 엄마가 이 책을 덮고 나서 힘을 얻고 용기를 갖고 새로운 육아의 전환점을 맞이했으면 한다.

엄마가 편해지는 그날을 위해 같이 응원합니다.

참고문헌

골드 트레이시 호그, 멜린다 블라우, 『베이비 위스퍼 골드』, 세종서적, 2019.

김지영, 『습관육아』, 무한, 2017.

장화용, 『들어주고, 인내하고, 기다리는 유대인 부모처럼』, 스마트비즈니스, 2018.

박혜란, 『다시 아이를 키운다면』, 나무를심는사람들, 2013.

시치다 마코토, 『똑똑한 아이를 둔 부모들의 7가지 습관』, 산호와진주, 2006.

김도윤, 『1등은 당신처럼 공부하지 않았다』, 쌤앤파커스, 2018.

"아이들의 장난감이 너무 많으면 안되는 이유", 〈케미컬 뉴스〉, 김지연, 2021.12.23.

"부부 건강 지키기 프로젝트 ① 각방 부부의 진실", 〈중앙일보 헬스미디어〉, 장치선, 2012.07.04.

"아이들에게는 '멍 때리는 시간'이 필요하다", 〈대한민국 정책브리핑〉, 김영훈 교수, 2020.01.28.